Landfrauen-Rezepte aus

Baden

Claudia Daiber • Fotos: Fridhelm Volk

ULMER

Inhalt

Inhalt

Geleitwort des
LandFrauenverbandes Südbaden und des
LandFrauenverbandes Württemberg-Baden

Liebe Leserin, lieber Leser!

Die badische Küche ist geprägt vom Reichtum der Natur. Denn im milden Klima, das die Römer bereits schätzten, gedeihen Obst und Gemüse, fühlen sich Esskastanien und Feigen wohl. Im Markgräfler Land, der Ortenau, der Bergstraße und am Kaiserstuhl wächst der Wein an sonnenverwöhnten Hängen. Der Schwetzinger Raum ist berühmt für seinen Spargel. Grünkern prägt bis heute den Speisezettel im Odenwald, außerdem schwärmt man hier seit kurzem für würzige Bärlauchgerichte. Im Kraichgau steht der Zuckerrüben- und der Getreideanbau im Vordergrund. In den Höhenlagen des Schwarzwaldes spielt die Milch- und Waldwirtschaft eine tragende Rolle.

Badische Menschen sind lebensfrohe Genießer. Neben berühmten Spezialitäten wie Weinbergschnecken, Rindfleischgerichten, Schäufele und Schwarzwälder Kirschtorte entstanden in jeder Jahreszeit viele weitere Spezialitäten in den verschiedenen Regionen. Historisch lassen sich im badischen Kulturraum die Einflüsse der ehemals österreichischen Vorlande nachweisen, was sich besonders bei den Süßspeisen bemerkbar macht. Bis heute fließen ebenfalls Anregungen aus der benachbarten elsässischen Küche, wie etwa der Flammkuchen, und der Schweiz mit salzigen und süßen Waihen ein.
Auf kulinarische Erlebnis- und Entdeckungsreise kann man in Baden sowohl auf Bauernmärkten als auch beim Urlaub auf dem Bauernhof oder dem Besuch der Schwarzwälder Milchstrasse und der Badischen Weinstraße gehen.
LandFrauen machen sich im ErzeugerInnen-VerbraucherInnen-Dialog gezielt für eine Vermarktung regionaler und saisonaler Lebensmittel stark. Insbesondere die Fachfrauen für Verkaufsförderung weisen auf Messen und in Lebensmittelmärkten auf die Qualität und Vorzüge der heimischen Produkte hin – das gilt für landwirtschaftliche Produkte aus Baden wie für alle anderen bundesdeutschen Regionen.

Wir wünschen Ihnen mit den vielseitigen und kreativen Rezepten in diesem Kochbuch gutes Gelingen und viel Freude beim Zubereiten und Genießen.

Gudrun Laible
LandFrauenverband Württemberg-Baden

Marianne Anselm
LandFrauenverband Südbaden

Schinken, Speck und Bollenhut

Wenn man vom Musterländle Baden spricht, denkt man an Schwarzwälder Schinken, Kirschwasser und Kuckucksuhren. An Häuser mit tief gezogenen Dächern, die alles zu behüten scheinen, an ausgedehnte dunkle Wälder und weite Rebflächen. Vielleicht auch an hübsche Mädchen in bunten Trachten mit Bollenhut und an allemannisch-bedächtiges Fasnachtstreiben dämonisch anmutender Narren. Nur Klischees? Mehr als das: einige der vielen bunten Facetten eines reizvollen Landstriches, der aus dem Füllhorn der Natur überreich beschenkt wurde. Und so facettenreich wie die Landschaft, so kunterbunt ist auch das „Völkchen", das sich hier tummelt, sind die Sitten und Gebräuche. Ein genauerer Blick lohnt sich – geschichtlich, kulturell und natürlich kulinarisch.

Von der Markgrafschaft zum Musterländle

Es würde zu weit führen, mit der Historie Badens schon bei den Römern zu beginnen, obwohl diese sich hier nachweislich sehr wohl gefühlt haben. Und auch in der weiteren Geschichte spielte Baden eine nicht unbedeutende Rolle: So war beispielsweise Baden-Baden im 19. Jahrhundert eine Art europäische Metropole. Hier trafen sich im Sommer die Herren und die Damen der feinen und gebildeten Gesellschaft. Hier wurde gefeiert und diskutiert, gebadet und Politik gemacht. Und natürlich geschlemmt. Dies alles nahm mit den Kriegen ein jähes Ende. Die befreundeten Franzosen waren auf einmal Feinde und dann Besatzungsmacht. Doch zuvor gibt es noch einige erwähnenswerte Stationen.

Das Land Baden entstand aus dem ehemaligen Besitz der Zähringer, einem allemannischen Fürstengeschlecht. Seit dem 12. Jahrhundert führten sie den Markgrafentitel und gründeten den badischen Territorialstaat. Im 19. Jahrhundert wurde Baden erst Kurfürstentum, dann Großherzogtum. Seine Verfassung (1818) machte es zum liberalsten Staat und damit zum Musterland Deutschlands. Das Musterländle ist es für seine Einwohner bis

Typisch für Baden: die Häuser mit tief gezogenen Dächern

heute geblieben, auch wenn es 1951 per Volksabstimmung mit Württemberg verbündet wurde. Das heißt, Baden gibt es heute nicht mehr, zumindest nicht als eigenständiges Land – wohl aber als Sprach- und Kulturraum.

Ein kulinarischer Streifzug

Will man Baden kulinarisch gerecht werden, muss man wieder einen Blick in die Geschichte tun und auch seine geografische Lage berücksichtigen: Die badische Küche war über Jahrhunderte den vielfältigsten Einflüssen ausgesetzt. An erster Stelle wäre hier die Nähe Frankreichs zu nennen. Aber auch die Schweiz und Österreich haben die badische Küche nachhaltig geprägt. Die klimatischen Verhältnisse haben ein Übriges getan, denn klimatisch gesehen ist Baden ein Land der Extreme: Es umfasst die wärmsten und trockensten Gebiete Deutschlands, ebenso wie die kältesten und feuchtesten. Dies wiederum hat Auswirkungen auf die Landwirtschaft und die Küche.

Im Schwarzwald beispielsweise ist eine eher bodenständige Küche zu Hause. Die Zutaten – früher stammten sie meist aus eigener „Produktion" – sind einfach: Gemüse aus dem Garten, Eier von eigenen Hühnern, Schinken aus eigener Schlachtung. Bei dieser Form der Selbstversorgung war es wichtig, dass sich die Lebensmittel lange hielten oder haltbar gemacht werden konnten. Der Schinken und die Würste wurden geräuchert, das Kraut in großen Standen eingelegt. Aus der Milch

Eine typische Weinregion: die Gegend um den Kaiserstuhl

wurde Käse gemacht. Früchte wurden getrocknet oder zu unwiderstehlich feinen Obstbränden destilliert. Aus dem Schwarzwald kommt zum Beispiel auch das legendäre Zibärtle, ein fruchtiger Pflaumenschnaps. Und was nicht angebaut werden konnte, holte man sich aus der Natur: Die Bienen sorgten für dunklen, herb-süßen Tannenhonig. Im Wald waren Pilze und Beeren in Hülle und Fülle zu finden. Und ab und zu gab es auch ein Reh oder einen Hasen zu erlegen. In den Bächen tummelten sich die Forellen, gelegentlich konnte man sogar einen Lachs sehen. Aus dem Bodensee kamen Felchen, Zander und Egli (auch als Kretzer oder Bodenseebarsch bekannt). Vieles ist heute noch so, denn die Traditionen leben weiter, wenn sich auch die Lebensumstände geändert haben.

Auch die anderen Regionen Badens haben ihre Besonderheiten: Das Markgräfler Land ist zunächst einmal wegen des Weinanbaus zu erwähnen. Großherzog Karl Friedrich brachte von seinem Aufenthalt in Lausanne die Chasselas-Traube mit, aus der sein Lieblingswein, der Fendant, gekeltert wurde. Diese Traube ergibt in Baden den trocken-fruchtigen Gutedel. Und dann gibt es im Markgräfler Land noch die wilden Fasanen: Ob gefüllt oder ungefüllt gebraten und auf saftigem Weinsauerkraut serviert – sie sind immer eine Delikatesse (siehe S. 76).

Das Breisgau mit dem Kaiserstuhl beeindruckt durch die Vielfältigkeit der Landschaft. Hier scheint alles versammelt: steile Rebhänge, tiefe Wälder, hohe Berge, klare Flüsse, weite Obstwiesen und blaue Seen. Entsprechend liest sich die Speisenkarte: feine Fisch- und Wildgerichte, deftige Vesper und edle Weine – so lässt es sich aushalten.

Blick von der Garteninsel Reichenau auf den Bodensee

Nördlich des Kaiserstuhls beginnt die liebliche Ortenau. Hier gedeihen neben Wein Meerrettich und Zwetschgen, Kürbisse und Sonnenblumen. Hier wird zur Kartoffelsuppe ein Stück Zwetschgenkuchen oder Äpfelküchle gegessen. Das klingt eigenartig, aber es schmeckt! Dann kommt Nordbaden mit seiner Industriestadt Mannheim. In der oberrheinischen Tiefebene, wo lehmige Sandböden vorherrschen und die Sonne kräftig scheint, gedeihen die zarten weißen Spargelstangen, auf die sich die Feinschmecker alljährlich freuen.

Hier – im nördlichen Baden – wird auch wieder vermehrt Dinkel angebaut. Früher war Dinkel in Baden weit verbreitet, wurde dann aber durch die anderen Getreidesorten mehr und mehr verdrängt. Die Vollwertküche hat den Dinkel und vor allem den Grünkern wieder entdeckt. Für Grünkern wird der Dinkel noch unreif geerntet und geröstet. Dadurch erhält er einen leichten Rauchgeschmack. Grünkern ist die schmackhafte Grundsubstanz für Grünkernsuppe mit Markklößchen (siehe S. 42) oder Grünkernküchle. Und die badischen Hausfrauen schwören auf fein gemahlenes Dinkelmehl bei der Herstellung von Spätzle oder Springerle.

Fehlt eigentlich nur noch die Bodenseeregion im Reigen der Landschaften Badens. Hier werden in den malerischen Städtchen und Dörfern vor allem Fische aus dem See angeboten. Dazu gibt es ein feines Tröpfchen aus der Birnauer oder Meersburger Gegend und natürlich knackfrisches Gemüse von der Garteninsel Reichenau. Zum Nachtisch darf es vielleicht ein saftiger Bodenseeapfel sein.

So verschieden die Landschaften und die regionalen Besonderheiten ihrer Küchen sind, es gibt doch eine gemeinsame Eigenart der Badener, die nicht unerwähnt bleiben sollte: Ein z'Nüni oder ein z'Vieri nehmen alle gerne zu sich. Es handelt sich hierbei um ein zünftiges Vesper wie beispielsweise Käse, Speck und Bauernbrot, auf einem Holzbrett serviert, und dazu vielleicht ein Gläschen Wein oder Kirsch. Es kann aber auch ein Teller saure Sulz oder saures Leberle (siehe S. 60) mit Brot sein, eine deftige Kartoffelsuppe (siehe S. 40) oder ein Stück saftiger Zwiebelkuchen (siehe S. 20).

Schwäbisch-allemannische Fasnacht

Die schwäbisch-allemannnische Fasnacht hat nichts zu tun mit den Konfetti schleudernden Frohnaturen des rheinischen Karnevals. Hier geht es eher bedächtig bis unheimlich zu. Bemerkenswert sind die wunderschön geschnitzten Holzmasken; die einen schauen freundlich-naiv, die anderen haben Furcht erregende Dämonenfratzen. Mit ihnen und mit den bunten fantasievollen Kostümen, badisch „Häs" genannt, die oft noch mit Schellen behängt sind, mit Ratschen und Radau sollen die bösen Geister des Winters vertrieben werden. Das ist eine ernst zu nehmende Aufgabe und deshalb sind die Narren auch die ganze Fasnacht im Einsatz. Sie ziehen von einer Stadt in die nächste, von einem Umzug zum anderen. Die Narren gehören speziellen Fasnachtszünften an, welche die Organisation und Koordination dieser Umzüge übernehmen. Es ist sozusagen die fünfte Jahreszeit in Baden, die auch ihre ganz eigenen kulinarischen Genüsse hat.

Die Fasnacht wäre nichts ohne Schmalzgebackenes, ohne Scherben (siehe S. 98), Fasnachtsküchle oder -krapfen. Und wenn die närrischen Tage vorbei sind, gibt es abgeschmälzten Stockfisch (siehe S. 94) mit Sauerkraut oder Salzkartoffeln.

Von der Sonne verwöhnt: das badische Weinland

Wenn ein Weinanbaugebiet in Deutschland das Attribut „von der Sonne verwöhnt" wirklich verdient, dann ist es das Weinland Baden. Was sich nur wie ein pfiffiger Werbeslogan anhört, ist nichts als die Wahrheit. Freiburg, die heimliche Weinhauptstadt Badens, hat die höchste Durchschnittstemperatur aller Städte

Auf Badens Weinbergen gedeihen die unterschiedlichsten Rebsorten.

Deutschlands, und die badischen Weinbauregionen, die sich über rund 400 Kilometer von Tauberfranken im Norden bis zum Markgräflerland und zum Bodensee im Süden erstrecken, sind klimatisch besonders begünstigt. Vor allem der südwestliche Bereich gilt als wärmste Weinregion Deutschlands. Nicht ohne Grund ist das Weinanbaugebiet Baden als einziges in deutschen Landen von der Europäischen Gemeinschaft in die Weinbauzone B eingestuft und hat damit die strengsten Mindestanforderungen an den Qualitätsweinanbau im gesamten Bundesgebiet.

Ein weiteres Markenzeichen der badischen Weine ist – passend zur abwechslungsreichen Küche – ihre Vielseitigkeit. Alle acht badischen Weinbauregionen mit einer gesamten Rebfläche von rund 15 500 Hektar (die drittgrößte in Deutschland nach Rheinhessen und Rheinpfalz) zeichnen sich durch einen ausgeprägten Eigencharakter aus. Dazu trägt das besonders breit gefächerte Sortiment der Rebsorten und die gezielte Bestockung der passenden Böden maßgeblich bei.

Die badischen Weine profitieren aber nicht nur von den hervorragenden klimatischen Bedingungen. Auch eine positive Charaktereigenschaft der Badener verhilft ihnen zu Qualität: die Wahrung der Tradition bei gleichzeitiger Offenheit für moderne Entwicklungen. Noch nie haben sich die badischen Winzer auf ihren Lorbeeren ausgeruht, sondern immer zielstrebig an einer weiteren Verbesserung ihrer Weine gearbeitet.

Diese glückliche Konstellation sorgte in den letzten fünfzig Jahren für ein wahres Weinwunder in Baden. Bis weit in die 1950er-Jahre war badischer Wein außerhalb seiner Heimat so gut wie nicht bekannt und kaum zu

Der berühmte Gugelhupf schmeckt nicht nur zum Kaffee ...

kaufen, doch schon in den 1970er-Jahren gehörte er zu den beliebtesten Weinen in Deutschland.
Herkunftsgebiete wie vor allem Kaiserstuhl, Ortenau, Tuniberg, Bergstraße/Kraichgau oder Breisgau sind heute klingende Namen in der deutschen und teilweise auch internationalen Weinszene. In erster Linie mit den Burgunderrebsorten – Grauburgunder (Ruländer) und Weißburgunder sowie Spätburgunder (rot) – feiern die badischen Winzer seit vielen Jahren national wie international große Erfolge.

Hockede, Besenwirtschaften und Winzerfeste

Wo Wein wächst, da wird auch tüchtig gefeiert. Deshalb gibt es in Baden zu vielen Gelegenheiten einen Hock. Hier trifft man sich bei einem Viertel Wein, einem Stück Zwiebelkuchen oder einer Dinni, einem Bibeliskäs oder anderen feinen Kleinigkeiten. Ein Hock findet im Freien statt, das heißt vorwiegend im Sommer. Überhaupt ist der Sommer die beste Zeit, denn dann haben auch die Besenwirtschaften geöffnet, und zwar meist nur wenige Wochen im Jahr. Die Winzer schenken ihren „alten" Wein aus, um Platz für den neuen zu schaffen. Dazu servieren sie kleine, meist kalte Vespergerichte. Ob eine Besen- oder Straußenwirtschaft geöffnet hat, kann man leicht am aufgesteckten Besen oder Reisigbündel erkennen.
Bei einem Besuch in Baden sollten Sie in keinem Fall die Weinfeste versäumen, die meist im Spätsommer stattfinden. Sie können die Weine der Region verkosten und dazu so manches Schmankerl genießen. Versuchen Sie unbedingt einmal ein Stück von dem herrlichen gerührten Hefe-Gugelhupf zum Wein: Das ist ein Gedicht!

Der Zahn des Drachen

Wer Baden einen Besuch abstattet, wird sich wohl kaum einen Rundgang durch Freiburg, die badische Metropole, entgehen lassen. Neben vielen gemütlichen Lokalen und einer schönen Altstadt hat Freiburg natürlich auch Sehenswürdigkeiten wie das Münster zu bieten. Eine weitere Besonderheit sind die zahlreichen „Freiburger Bächle", welche die Innenstadt wie ein Gitter durchziehen und um die sich eine hübsche Geschichte rankt.
Bereits 80 Jahre nach Gründung des Marktes Freiburg wurde mit dem Bau des Freiburger Münsters begonnen, der über 300 Jahre dauern sollte. Etwa zur selben Zeit werden auch die Freiburger Bächle zum ersten Mal urkundlich erwähnt. Jeder, der aus Unachtsamkeit in eines der Bächlein tritt, soll der Legende nach für immer in Freiburg bleiben, denn die Bächlein haben die Zauberkraft eines Drachen. Und das kam so:
Einmal bedrohte ein grausamer Drache die Gegend um Freiburg und verbreitete Angst und Schrecken. Ein mutiger Jüngling namens Hans zog aus, um den Drachen zu besiegen. Dieser aber verschlang den mutigen Burschen samt seinem Ross. Der kluge Hans aber nistete sich in einem hohlen Zahn des Drachen ein, worauf dieser schreckliches Zahnweh bekam. Er litt qualvolle Schmerzen und so kam es, dass er sich mit dem Ritter auf einen Handel

einließ: Der Drache sollte sich in die Hand der Freiburger begeben und der Bruder des Ritters ihn im Gegenzug von seinem Zahnweh befreien. Danach, so versprach der Drache, wollte er die Gegend um Freiburg für immer verlassen. Gesagt, getan. Der Drache wälzte sich durch das Höllen- und das Dreisamtal Richtung Stadt. Neben dem Münster wurden dem Drachen die Kiefer auseinander gespreizt und das helle Schmerzwasser lief dem Untier aus dem Maul. Und überall, wo sich das Drachenwasser seinen Weg suchte, fließen noch heute die klaren Bächlein durch die Stadt.

Badener und Schwaben: eine alte Hassliebe

In früheren Zeiten waren Badener und Schwaben nur durch Nachbarschaft und Stammesverwandtschaft miteinander verbunden. Doch bei der Gründung der Bundesrepublik Deutschland wurden sie „in einen Topf" geworfen und bewohnen daher seit dem 9. Dezember 1951 ein gemeinsames Bundesland. Das Zusammenleben gestaltet sich nicht immer ganz einfach, denn neben so mancher köstlichen Spezialität haben beide noch etwas anderes gemeinsam: die gegenseitige Hassliebe. Die Badener schimpfen die Schwaben gerne „Sauschwobe" und bekommen dafür ein verächtliches „Gelbfiaßler" zur Antwort. Was die einen mit Sauschwob meinen, erklärt sich von selbst. Was aber hat es mit dem Ausdruck Gelbfiaßler (zu Hochdeutsch: Gelbfüßler) auf sich?
Die Volkszunge wartet gleich mit mehreren Erklärungen auf. Die eine erzählt, dass im 17. Jahrhundert der Markgraf Ludwig Wilhelm von Baden, auch bekannt als Türkenlouis, seine Truppen für die Schlacht mit gel-

Woher die Spätzle kommen, ob aus Baden oder Schwaben, ist ungewiss.

ben Strumpfhosen ausstattete, was ihnen und später allen Badenern den Namen Gelbfüßler eintrug.

Eine andere behauptet, dass die badischen Soldaten in der ersten Hälfte des 19. Jahrhunderts gelbe Gamaschen oder Hosen getragen haben sollen.

Die dritte schließlich glaubt zu wissen, dass die Bezeichnung Gelbfüßler ursprünglich nur für die Bewohner von Durlach, heute ein Stadtteil von Karlsruhe, gedacht gewesen war. Und das soll so gekommen sein: Der Sage nach hatte der Markgraf von Baden den Zehnten wieder einmal erhöht. Die Durlacher Bauern sollen darüber so erbost gewesen sein, dass sie empört vor das Schloss zogen, vor dessen Toren eine Wagenladung Eier auskippten und diese mit den Füßen zertrampelten. Man kann sich vorstellen, wie die Beine der Bauern anschließend ausgesehen haben mögen!

Der eigentliche Grund für diese Hassliebe ist nicht ganz klar. Vielleicht ist es ja das einnehmende Wesen der Schwaben, das den Draht zu den Badenern immer wieder stört. Wenn die Schwaben beispielsweise vom Schwarzwald reden, als sei er urschwäbisches Territorium, obwohl ihnen nur ein kleiner Zipfel davon „gehört", dann ist der badische Stolz verletzt. Auch kocht die badische Volksseele, wenn der Bodensee als „Schwäbisches Meer" apostrophiert wird, obwohl der größere Teil unbestritten auf badischem Gebiet liegt.

Ein heikles Thema sind auch die bei beiden so beliebten Spätzle. Wenn die These stimmt, dass diese badisch-schwäbische Spezialität römischen Ursprungs ist, dann haben die Badener den größeren Anspruch auf die Bezeichnung Spätzleland. Bei ihnen dauerte die Besetzung durch die Römer länger und erstreckte sich über einen größeren Raum.

Doch bei aller – manchmal nur gespielten und als Witz zu verstehenden – Rivalität mögen sich Badener und Schwaben auch recht gerne und fühlen sich in vielen Dingen vom gleichen Schlag. Und mit jedem gemeinsam genossenen Viertel Wein und Teller Spätzle werden die Gemeinsamkeiten größer – darauf Prosit und guten Appetit!

Badisches Küchenlatein

Aufzogene Blättle: Kartoffelgratin
Baseler Schenkeli: fettgebackene Küchlein
Bettseicherle: Löwenzahn
Bibeliskäs: mit Kräutern angemachter Quark
Bierewecke: Früchtebrot
Brägele: Bratkartoffeln
Dinni: dünne Fladen, mit Zwiebeln, Speck oder Sauerrahm belegt
Flädle: dünne Pfannkuchen, in feine Streifen geschnitten als Suppeneinlage, mit Hackfleisch oder Brät gefüllt als Hauptgericht, als Beilage zu Spargel oder als süßes Dessert
Kirschenplotzer: Auflauf aus Brötchen, Kirschen, Eiern und Wein, wird mit Vanillesoße gegessen
Knöpfle: wie Spätzle, Eierteigwaren
Kracherle: geröstete Brotwürfel
Kratzete: ähnlich wie Kaiserschmarrn; Pfannkuchen, der mit zwei Gabeln in Stücke gerissen wird. Kratzete wird zu Spargel gegessen, aber auch süß mit Zimtzucker bestreut zu Kompott oder Apfelmus
Pfittele: fettgebackenes Gebäck, wird zu Chaudeau gegessen
Rahnen: Rote Bete
Schäufele: Schulterstück vom Schwein mit Knochen, gepökelt und geraucht
Scherben: fettgebackenes Fasnachtsgebäck
Schlachtplatte: im Kraut gekochter Schweinebauch und -speck, Blut- und Leberwürste
Sonnewirbele: Feldsalat
Strübli: fettgebackene Beilage zu Spargel
Sülz/Sulz: Kutteln
Waihen: flache Obstkuchen
Weckle: Semmel, Brötchen, Schrippe
Zibärtle: Zwetschgenschnaps

Bibeliskäs

Zutaten für 2 Personen
250 g Quark (40 %)
3–4 EL Sahne
1 Bd Schnittlauch
1 Schalotte
1 Knoblauchzehe
Salz
Pfeffer

- Den Quark mit der Sahne in eine Schüssel geben und glatt rühren
- Den Schnittlauch waschen, trockenschütteln, in feine Röllchen schneiden und zum Quark geben
- Die Schalotte und die Knoblauchzehe schälen
- Die Schalotte fein hacken, die Knoblauchzehe durch die Presse drücken
- Beides zum Quark geben
- Alle Zutaten gut miteinander verrühren und den Quark mit Salz und frisch gemahlenem Pfeffer würzen.

Dieser pikant angemachte Quark ist nicht nur in Baden bekannt und beliebt, man kennt ihn auch in anderen Teilen Deutschlands. Am besten schmeckt er mit einem ganz frischen Bauernbrot oder zu Pellkartoffeln.

TIPP

Sie können die Dinni auch – wie früher üblich – aus übrig gebliebenen Brotteig machen. Zur Dinni gehört in jedem Fall ein Glas trockener Rot- oder Weißwein.

Dinni oder Dinnete

Zutaten für 4–6 Personen

Für den Teig:

300 g Weizenmehl Typ 1050

1/2 Würfel Hefe (20 g)

Zucker

Salz

Für den Belag:

500 g Zwiebeln

100 g Schinken

1 EL Öl

1 TL Kümmel

250 g Schmant oder Crème fraîche

- 1/4 l Wasser erwärmen
- Das Mehl in eine Schüssel sieben, etwas Salz darunter mischen und in die Mitte eine Vertiefung drücken
- Die Hefe hineinbröckeln, mit einer Prise Zucker bestreuen und mit etwas lauwarmem Wasser und Mehl verrühren
- Die Schüssel mit einem sauberen Tuch abdecken und den Vorteig an einem warmen Ort etwa 15 Minuten gehen lassen
- Den Vorteig mit dem Mehl und dem restlichen Wasser zu einem geschmeidigen Teig verkneten, zur Kugel formen und zugedeckt an einem warmen Ort etwa 30 Minuten gehen lassen
- In der Zwischenzeit die Zwiebeln schälen und in feine Würfel schneiden, den Schinken ebenfalls in Würfel schneiden
- Das Öl in einer Pfanne erhitzen und die Zwiebeln darin bei mittlerer Hitze glasig dünsten
- Den Schinken dazugeben und kurz mitbraten
- Die Pfanne vom Herd nehmen und die Mischung abkühlen lassen.
- Ein Backblech mit Butter bestreichen oder mit Backpapier auslegen
- Den Backofen auf 200 °C (Umluft 180 °C, Gas Stufe 4) vorheizen
- Den Hefeteig auf einer bemehlten Arbeitsfläche durchkneten und in 4 bis 6 Portionen teilen
- Jedes Teigstück dünn ausrollen und auf das Backblech legen
- Den Kümmel und den Schmant oder die Crème fraîche unter die Zwiebel-Speck-Mischung rühren. Die Fladen damit bestreichen und im vorgeheizten Backofen (untere Schiene) etwa 20 Minuten backen.

Variante

Für einen Elsässer Flammkuchen verwenden Sie Weizenvollkornmehl. Den Schinken ersetzen Sie mit 75 g durchwachsenem Speck. Den Teig nach dem Gehen in Blechgröße ausrollen, den Belag mit Salz und Pfeffer würzen. Backtemperatur und Backzeit bleiben gleich.

TIPP

Wenn Sie keine Zeit haben, den Teig gehen zu lassen, können Sie diesen am Vortag zubereiten und zugedeckt kalt stellen. Am nächsten Tag den Teig ausrollen, belegen und backen. Sie können auch kleine Fladen formen und diese portionsweise backen. Die Garzeit bleibt gleich.

Zwiebelkuchen

Zutaten für ein Backblech

Für den Teig:
300 g Mehl
20 g Hefe
Salz
1 EL Öl
Fett für das Blech

Für den Belag:
750 g Zwiebeln
3 El Öl
3 Eier
400 g saure Sahne
2 EL Mehl
Salz
Pfeffer
Muskatnuss
200 g Schwarzwälder Schinken

- 1/8 l Wasser erwärmen
- Das Mehl in eine Schüssel sieben und in die Mitte eine Vertiefung drücken
- Die Hefe hineinbröckeln und mit 2 bis 3 EL von dem warmen Wasser und etwas Mehl verrühren
- Die Schüssel mit einem sauberen Küchentuch abdecken und den Vorteig an einem warmen Ort etwa 15 Minuten gehen lassen
- Anschließend das restliche Wasser, das Öl und Salz dazugeben und alles zu einem geschmeidigen Teig verkneten
- Zur Kugel formen und zugedeckt etwa 30 Minuten an einem warmen Ort gehen lassen, bis der Teig sein Volumen verdoppelt hat
- Für den Belag die Zwiebeln schälen und in feine Ringe schneiden
- Das Öl in einer großen Pfanne erhitzen und die Zwiebeln darin bei schwacher Hitze glasig dünsten
- In eine große Schüssel füllen
- Den Speck in feine Würfel schneiden und in der Pfanne ohne Fett bei mittlerer Hitze rundum anbraten, dann mit den Zwiebelringen mischen
- Die Eier mit dem Mehl verrühren und die saure Sahne dazugeben
- Alles gründlich miteinander verrühren und mit Salz, Pfeffer und Muskatnuss würzen
- Die Eier-Sahne zu den Zwiebelringen geben und alles gründlich miteinander mischen
- Den Backofen auf 200 °C (Umluft 180 °C, Gas Stufe 4) vorheizen
- Ein Backblech einfetten
- Den Teig auf einer bemehlten Arbeitsfläche nochmals durchkneten und in Backblechgröße ausrollen
- Auf das Blech legen und die Zwiebelmasse darauf verteilen
- Den Zwiebelkuchen im Backofen (mittlere Schiene) etwa 45 Minuten backen.

Zwiebelkuchen isst man traditionell während der Weinlesezeit und trinkt dazu neuen Wein, auch Federweißer oder Suser genannt. Es handelt sich dabei um den angegorenen frischen Traubenmost.

Sonnewirbelesalat
mit Kracherle

Zutaten für 4 Personen

200 g Feldsalat
1 Schalotte
1 Knoblauchzehe
1 TL Zucker
2 EL Rotweinessig
Salz
Pfeffer
3 EL Öl
2 Scheiben Vollkorntoast
1 EL Butter

- Den Feldsalat putzen, mehrmals gründlich waschen und abtropfen lassen
- Die Schalotte und den Knoblauch schälen
- Die Schalotte fein hacken, den Knoblauch durch die Presse drücken
- Den Zucker mit dem Essig so lange verrühren, bis sich der Zucker aufgelöst hat
- Salz und Pfeffer hinzufügen
- Das Öl nach und nach unterschlagen und die Schalotte und den Knoblauch unterrühren
- Das Toastbrot in kleine, gleich große Würfel schneiden
- Die Butter bei mittlerer Hitze in einer Pfanne zerlassen und die Brotwürfel darin unter Rühren goldbraun rösten
- Den Feldsalat in einer Schüssel mit der Vinaigrette mischen und auf vier Teller verteilen
- Die Brotwürfelchen darüber streuen.

Hinter der fantasievollen Bezeichnung verbirgt sich ein Gericht, das Sie sicher unter anderem Namen kennen. Es handelt sich um Feldsalat in einer würzigen Vinaigrette mit knusprig gerösteten Brotwürfelchen.

Tipp

Noch gehaltvoller wird der Salat, wenn Sie gebratene Würfelchen von Schwarzwälder Schinken darunter mischen.

Bettseicherlesalat

Zutaten für 4 Personen

200 g junge Löwenzahnblätter

50 g Schwarzwälder Schinken

2 EL Weißweinessig

1 TL Zucker

Salz

Pfeffer

3 EL Sonnenblumenöl

- Die Löwenzahnblätter gründlich waschen, putzen und abtropfen lassen
- Den Schinken in sehr kleine Würfel schneiden und in einer Pfanne ohne Fett bei mittlerer Hitze knusprig braten
- Den Essig mit dem Zucker, Salz und Pfeffer verrühren, bis sich der Zucker aufgelöst hat, dann nach und nach das Öl unterschlagen
- Die Löwenzahnblätter auf 4 Teller verteilen und mit der Vinaigrette beträufeln
- Die Schinkenwürfelchen darüber streuen.

Wahrscheinlich wurde die Bezeichnung aus dem Französischen übernommen, denn dort heißt der Löwenzahn „Pis-en-lit", wörtlich übersetzt „Bettseicherle".

TIPP

Dazu schmeckt frisches Baguette, das Sie nach Geschmack auch mit Knoblauchbutter bestreichen können.

Rahnensalat Bild rechts

Zutaten für 4 Personen

1 kg Rote Beten
1/2 TL Zucker
Salz
Pfeffer
2 EL Weißweinessig
3 EL Sonnenblumenöl

- Die Roten Beten gründlich waschen und in einen großen Topf geben
- So viel Wasser angießen, dass die Rüben gerade bedeckt sind
- Zum Kochen bringen und die Rüben in etwa 1 1/4 Stunden weich kochen
- Die Rüben abgießen und mit kaltem Wasser abschrecken
- Etwas abkühlen lassen, schälen, in dünne Scheiben schneiden und in eine große Schüssel geben
- Den Essig, den Zucker, Salz und Pfeffer verrühren, bis sich der Zucker aufgelöst hat, dann das Öl unterrühren
- Die Vinaigrette über die Roten Beten gießen und etwa 30 Minuten zugedeckt ziehen lassen.

Tipp

Rahnen ist eine andere Bezeichnung für Rote Bete oder Rote Rüben. Dieser fein-würzige Salat schmeckt gut zum badischen Ochsenfleisch (siehe S. 62), aber natürlich auch solo mit frischem Bauernbrot.

Nussbrot

Zutaten für 2 Personen

2 große Scheiben frisches Holzofenbrot
30 g Butter
100 g Walnüsse (ohne Schale)

- Die frischen Walnüsse knacken, die Kerne herauslösen und von den grünen Häutchen befreien
- Die Brote mit der Butter bestreichen und mit den Nüssen belegen
- Dazu passt ein schöner trockener Rot- oder Weißwein.

Es gibt nichts Feineres, als zur Zeit der Walnussernte bei einem Viertel Wein eine herzhafte Scheibe Bauernbrot mit frischen Schälnüssen zu genießen.

Aufzogene Blättle

Zutaten für 4 Personen

1 kg mehlig kochende Kartoffeln

125 g Crème fraîche

50 g Gruyère, frisch gerieben

1 Ei

1 Knoblauchzehe

Salz

schwarzer Pfeffer

Butter für die Form

- Die Kartoffeln gründlich waschen, in einen Topf geben und etwa 2 cm hoch Wasser angießen
- Die Kartoffeln bei schwacher Hitze in etwa 20 Minuten halb gar kochen, abgießen, kalt abschrecken und etwas abkühlen lassen
- Eine Gratinform mit Butter ausstreichen
- Die Kartoffeln pellen und in dünne Scheiben schneiden
- Die Scheiben dachziegelartig in die Form schichten und jede Lage mit Salz und Pfeffer würzen
- Den Backofen auf 200 °C (Umluft 180 °C, Gas Stufe 4) vorheizen
- Den Knoblauch schälen und durch die Presse drücken
- Die Crème fraîche mit dem Ei verquirlen, den Käse und den Knoblauch untermischen und alles mit Salz und Pfeffer würzen
- Die Mischung über den Kartoffeln verteilen
- Das Gratin im Backofen (mittlere Schiene) in 20 bis 30 Minuten goldbraun überbacken.

TIPP

Dieses feine Kartoffelgratin schmeckt solo mit einem bunten Salat oder als Beilage zu einem saftigen Filetsteak ganz hervorragend.

Kartoffelküchle

Zutaten für 4 Personen

1 kg mehlig kochende Kartoffeln
1 EL Butter
1 kleine Zwiebel
1/2 Bd Petersilie
3 Eier
Salz
schwarzer Pfeffer
Muskatnuss
Butterschmalz zum Braten

- Die Kartoffeln gründlich waschen, in einen Topf geben und etwa 2 cm hoch Wasser angießen
- Die Kartoffeln bei schwacher Hitze mit aufgelegtem Deckel in etwa 30 bis 40 Minuten (je nach Größe) garen
- Die Kartoffeln abgießen, eiskalt abschrecken und etwas abkühlen lassen
- In der Zwischenzeit die Zwiebel schälen und fein hacken
- Die Petersilie waschen und trockenschütteln; die Blättchen abzupfen und ebenfalls fein hacken
- Die Butter in einer Pfanne zerlassen und die Zwiebel darin glasig dünsten
- Die Petersilie dazugeben und kurz mitdünsten lassen
- Die Kartoffeln schälen und mit dem Kartoffelstampfer fein zerdrücken
- Mit der Zwiebel-Petersilie-Mischung und den Eiern mischen
- Den Teig mit Salz, Pfeffer und Muskatnuss würzen
- Aus dem Teig mit bemehlten Händen handtellergroße flache Taler formen
- Das Butterschmalz in einer Pfanne zerlassen und die Kartoffelküchle darin von beiden Seiten bei mittlerer Hitze goldbraun braten.

TIPP

Die Kartoffelküchle schmecken gut zu Bratengerichten mit viel Soße oder zu Sauerkraut.

Brägele

Zutaten für 4 Personen

1 kg gekochte Kartoffeln vom Vortag, fest kochende Sorte

1 kleine Zwiebel

4 EL Schweineschmalz mit Grieben

Salz

Pfeffer

- Die Kartoffeln schälen und in nicht zu dünne Scheiben schneiden
- Die Zwiebel schälen und fein hacken
- Das Schmalz in einer großen Pfanne zerlassen
- Die Kartoffelscheiben hineingeben und bei mittlerer Hitze ohne Wenden so lange braten, bis sich unten eine goldgelbe Kruste gebildet hat
- Die Kartoffeln mit Salz und Pfeffer würzen, die gehackten Zwiebeln darüber verteilen und den Kartoffelfladen wenden
- Auf der ungebackenen Seite ebenfalls so lange braten, bis sich eine goldgelbe Kruste gebildet hat
- Die Brägele sofort servieren, sonst werden sie weich.

Brägele ist die Bezeichnung für herrlich knusprige Bratkartoffeln, die es in verschiedenen Variationen gibt.

TIPP

Auch aus rohen Kartoffeln lassen sich saftig-krosse Brägele zubereiten. Dafür die Kartoffeln in etwa 1 cm große Würfel schneiden. Das Schmalz in einer großen Pfanne erhitzen und die Kartoffelwürfel darin von allen Seiten bei schwacher bis mittlerer Hitze braten, bis sie goldbraun und gar sind. Die Brägele mit Salz und Pfeffer würzen und sofort servieren.

Fleischküchle

Zutaten für 4 Personen

2 Brötchen vom Vortag

1 Zwiebel

1 Bd Petersilie

50 g Butter

500 g Hackfleisch, Rind oder gemischt

1 Ei

Salz

schwarzer Pfeffer

- Die Brötchen in kleine Würfel schneiden, in eine Schüssel geben, mit lauwarmem Wasser begießen und quellen lassen
- Die Zwiebel schälen und fein hacken
- Die Petersilie waschen und trockenschütteln; die Blättchen abzupfen und fein hacken
- Die Hälfte der Butter in einer Pfanne zerlassen und die Zwiebel darin bei schwacher Hitze glasig dünsten
- Die Petersilie dazugeben und kurz mitdünsten
- Das Hackfleisch in eine Schüssel geben
- Das Ei und die Zwiebel-Petersilien-Mischung dazugeben
- Die Brötchen gut ausdrücken und ebenfalls dazugeben
- Alles gründlich vermischen und den Fleischteig mit Salz und Pfeffer kräftig würzen
- Aus dem Teig mit feuchten Händen flache Küchlein formen
- Die restliche Butter in einer Pfanne erhitzen und die Fleischküchle darin bei mittlerer Hitze von beiden Seiten braun und knusprig braten.

Tipp

Zu den Fleischküchle schmeckt am besten ein saftiger Kartoffelsalat *(siehe S. 66).*

Schweinskopfsülze

Zutaten für 4 Personen

1 Zwiebel
1 Lorbeerblatt
1 Nelke
1 Möhre
1 Stange Lauch
1/4 Knolle Sellerie
1/2 Bd Petersilie
1 Schweinekopf (ersatzweise 1 kg Schweineknochen und 1 Kalbshaxe)
400 g mageres Schweinefleisch
2 EL Weißweinessig
1 TL Salz
5 Pfefferkörner
2 Eier
2 Essiggurken
1/2 rote Paprikaschote

- Die Zwiebel schälen und halbieren
- Das Lorbeerblatt mit der Nelke an einer Zwiebelhälfte feststecken
- Die Möhre waschen, den Lauch putzen, längs aufschneiden und gründlich abbrausen
- Den Sellerie schälen, die Petersilie abbrausen und trockenschütteln
- Den Schweinekopf abbrausen
- Mit dem Suppenfleisch und dem Gemüse in einen Topf geben
- Essig, Salz und Pfefferkörner hinzufügen und so viel kaltes Wasser angießen, dass alle Zutaten gut bedeckt sind
- Die Brühe langsam zum Kochen bringen, einmal aufkochen lassen, dann knapp unter dem Siedepunkt etwa 1 1/2 Stunden leise köcheln lassen
- Die fertige Brühe durch ein Sieb gießen und erkalten lassen, das Fleisch ebenfalls kalt stellen
- Die Eier in etwa 10 Minuten hart kochen, dann eiskalt abschrecken, schälen und abkühlen lassen
- Die Essiggurken halbieren und in Fächer schneiden
- Die Paprikaschote waschen, putzen und in kleine Würfel schneiden
- Von der kalten Brühe das Fett abschöpfen
- Die Brühe nochmals erhitzen und auf die Hälfte einkochen lassen
- Das Suppenfleisch in feine Scheiben schneiden und auf tiefe Teller verteilen
- Die Eier in Scheiben schneiden
- Mit den Gurkenfächern und den Paprikawürfeln dekorativ auf dem Fleisch verteilen
- Die heiße Brühe darüber gießen und erkalten lassen
- Die Sulzen kalt stellen, bis die Brühe völlig geliert ist.

Tipp

Dazu passen Brägele (siehe S. 32). In vielen Regionen Badens werden Sulzen auch mit einer Essig-Öl-Vinaigrette und reichlich Zwiebelringen serviert.

Spargelcremesuppe

Zutaten für 4 – 6 Personen

500 g Spargel
Salz
Butter
1 TL Zucker
1 Bd Schnittlauch
1/8 l Fleischbrühe
1 EL Speisestärke
200 g Sahne
1 Eigelb
weißer Pfeffer
Muskatnuss

- Die Spargelstangen waschen, schälen und die Enden abschneiden
- 3/4 l Salzwasser zum Kochen bringen
- Die Butter, den Zucker und die Spargelschalen hineingeben
- Alles etwa 10 Minuten bei schwacher Hitze köcheln lassen
- In der Zwischenzeit die Spargelstangen in etwa 3 cm große Stücke schneiden
- Den Schnittlauch waschen, trockenschütteln und in feine Röllchen schneiden
- Den Spargelsud durch ein Sieb in einen anderen Topf gießen
- Die Fleischbrühe unterrühren, alles aufkochen, die Spargelstücke hineingeben und in etwa 5 Minuten bei mittlerer Hitze bissfest garen
- Die Spargelspitzen herausnehmen
- Die restliche Suppe mit dem Pürierstab pürieren
- Die Speisestärke mit etwas Sahne glatt rühren und die Suppe damit binden
- Das Eigelb mit der restlichen Sahne verquirlen
- Die Suppe von der Kochstelle nehmen und die Eigelb-Sahne-Mischung unterziehen
- Mit Salz, Pfeffer und 1 Prise Muskat würzen
- Die Spargelspitzen wieder in die Suppe geben
- Die Suppe auf vorgewärmte Teller verteilen und mit den Schnittlauchröllchen bestreuen.

TIPP

Sie können für die Suppe auch Spargelkochwasser vom Vortag verwenden.

Kartoffelsuppe

Zutaten für 4 Personen

1 kg Kartoffeln
1 kleine Zwiebel
1 Möhre
1 Stück Sellerie (etwa 100 g)
3 Frühlingszwiebeln
1–2 EL Butterschmalz
1 l Fleischbrühe
125 g Crème fraîche

- Die Kartoffeln waschen, schälen und in Würfel schneiden
- Die Zwiebel schälen und hacken
- Die Möhre und den Sellerie waschen, schälen und klein schneiden
- Die Frühlingszwiebeln waschen, putzen und die weißen und hellgrünen Teile in Ringe schneiden
- Das Butterschmalz in einem großen Topf erhitzen
- Die Zwiebel darin bei schwacher Hitze glasig dünsten
- Dann die Kartoffelwürfel, die Möhre, den Sellerie und die Frühlingszwiebeln dazugeben und alles kurz mitdünsten
- Die Fleischbrühe angießen
- Die Suppe zugedeckt bei schwacher Hitze 15 bis 20 Minuten kochen lassen, bis die Kartoffeln weich sind
- Die Suppe mit dem Pürierstab fein pürieren
- Zum Schluss die Crème fraîche unterrühren.

Tipp

Die deftig-cremige Suppe wird mit Zwetschgenwaihe (siehe S. 112) oder Apfelküchle (siehe S. 108) gegessen. Eine Kombination, die Sie unbedingt versuchen sollten.

Tipp

Wenn Sie sich nicht ganz sicher sind, ob die Masse für die Markklößchen die richtige Konsistenz hat, kochen Sie einen Probekloß. Zerfällt er, mischen Sie noch etwas Semmelbrösel unter den Teig.

Grünkernsuppe
mit Markklößchen

Zutaten für 4 Personen

Für die Suppe:
- 2 EL Butter
- 130 g Grünkernschrot
- 1 l Fleischbrühe
- Salz
- Pfeffer
- Muskatnuss
- 1/2 Bd glatte Petersilie

Für die Klößchen:
- 100 g Rindermark
- 2 Eier
- 70 g Semmelbrösel
- 1/2 Bd glatte Petersilie
- Salz
- weißer Pfeffer
- Muskatnuss
- 1 l Fleischbrühe

- Für die Grünkernsuppe die Butter in einem großen Topf erhitzen
- Den Grünkernschrot darin bei mittlerer Hitze hellbraun rösten
- Die Fleischbrühe unter Rühren angießen
- Die Suppe zugedeckt bei schwacher Hitze etwa 45 Minuten köcheln lassen
- Die Petersilie waschen, trockenschütteln und ohne die groben Stiele fein hacken
- Kurz vor dem Servieren in die Suppe geben
- Inzwischen für die Markklößchen die Petersilie waschen, trockenschütteln und ohne die groben Stiele fein hacken
- Die Markknochen in eine Schüssel mit kaltem Wasser legen. Nach etwa 10 Minuten herausnehmen und das Mark aus den Knochen drücken
- Das Mark mit einer Gabel zerdrücken und durch ein Sieb streichen
- Mit den Eiern, den Semmelbröseln und der Petersilie zu einem festen, aber gut formbaren Teig verrühren
- Den Teig mit Salz, Pfeffer und Muskatnuss würzen
- Aus der Masse kirschgroße Klößchen formen
- Die Fleischbrühe zum Kochen bringen
- Die Klößchen darin bei schwacher Hitze etwa 10 Minuten ziehen lassen
- Die Klößchen mit einem Schaumlöffel herausheben und in der heißen Grünkernsuppe servieren.

Die Grünkernsuppe wird in Baden natürlich auch ohne Markklößchen zubereitet. Mit den Klößchen ist sie die klassische Hochzeitssuppe.

Brennte Mehlsuppe

Zutaten für 4 Personen
80 g Butter
125 g Vollkornmehl
1 kleine Zwiebel
1 1/2 l Fleischbrühe
Salz
schwarzer Pfeffer
4–5 EL Rotwein
3 EL Crème fraîche

- Die Butter in einem großen Topf bei schwacher Hitze zerlassen und das Mehl darin unter Rühren goldbraun rösten
- Nach und nach die Fleischbrühe dazugießen, dabei kräftig mit einem Schneebesen rühren, damit sich keine Klümpchen bilden
- Die Suppe bei starker Hitze aufkochen, mit Salz und Pfeffer würzen und zugedeckt bei schwacher Hitze mindestens 30 Minuten kochen lassen
- Kurz vor dem Servieren den Rotwein und die Crème fraîche in die Suppe rühren.

Die Suppe sollte mindestens 30 Minuten kochen, damit sie nicht mehr nach Mehl schmeckt. Im alten Originalrezept wird die Suppe 2 Stunden gekocht!

TIPP

Zum Servieren sieht es besonders schön aus, wenn Sie etwas Sahne steif schlagen, in einen Spritzbeutel mit Sterntülle füllen und auf jede Suppenportion eine kleine Rosette spritzen. Etwas Schnittlauch waschen, trockentupfen und in feine Röllchen schneiden, dann über die Suppe streuen.

Brotsuppe

Zutaten für 4 Personen

3 dicke Scheiben Schwarzbrot
1 Bd glatte Petersilie
1 Bd Frühlingszwiebeln
1 EL Butter
Salz
Pfeffer
3/4 l Fleischbrühe
2 EL Sahne

- Das Brot in kleine Würfel schneiden und in etwas lauwarmem Wasser einweichen
- Die Petersilie waschen, trockenschütteln und die Blättchen fein hacken
- Die Frühlingszwiebeln waschen, putzen und in feine Ringe schneiden
- Die Butter in einem Topf zerlassen und die Frühlingszwiebeln darin andünsten
- Das Brot hinzufügen, mit Salz und Pfeffer würzen
- Die Fleischbrühe angießen und die Suppe etwa 10 Minuten kochen lassen, dann mit dem Mixstab pürieren
- Die Sahne und die Petersilie unterrühren, zum Schluss die Suppe abschmecken.

Tipp

Servieren Sie die Suppe mit kleinen Würfeln Brot, die sie in reichlich Butter goldbraun und knusprig braten. Aber auch kleine Würfelchen gebratener Speck schmecken ganz vorzüglich. Wer mag, brät einige Scheiben Cabanossi kurz an und gibt sie vor dem Servieren in die Suppe.

Forelle blau

Zutaten für 2 Personen

1 Möhre

1 Zwiebel

1 Stück Sellerie (etwa 100 g)

Salz

1/2 Bd Petersilie

1/8 l trockener Weißwein

2 TL Pfefferkörner

2 Lorbeerblätter

1/8 l Weißweinessig

2 Forellen von je etwa 250 g, küchenfertig zubereitet

50 g Butter

1/2 unbehandelte Zitrone

- Die Möhre waschen, schälen und in Scheiben schneiden
- Die Zwiebel schälen und grob würfeln
- Den Sellerie waschen, schälen und ebenfalls würfeln
- Die Petersilie waschen, trockenschütteln und die Blättchen grob hacken
- Für den Sud 1 l Wasser in einen breiten Topf geben
- 2 bis 3 EL Salz, die Möhre, die Zwiebel, den Sellerie, die Petersilie, den Weißwein, die Pfefferkörner und die Lorbeerblätter dazugeben
- Alles zum Kochen bringen, danach die Hitze reduzieren und etwa 15 Minuten köcheln lassen, dann von der Kochstelle ziehen
- Den Weißweinessig in einem kleinen Topf erhitzen
- Die Forellen unter fließendem kaltem Wasser abwaschen, mit dem heißen Weißweinessig begießen und ohne den Essig in den heißen, nicht mehr kochenden Sud geben
- Die Fische darin etwa 8 bis 10 Minuten ziehen lassen
- Wenn sich das Fleisch leicht von den Gräten lösen lässt, sind die Fische gar
- Die Butter erhitzen
- Die Zitrone heiß abwaschen und in Scheiben schneiden
- Die Forellen mit den Zitronenscheiben garnieren und die flüssige Butter getrennt dazu reichen.

TIPP

Zu Forelle blau passen am besten Salzkartoffeln.

TIPP
Zu diesem Gericht passt am besten Reis. Es eignet sich gut als Vorspeise. In diesem Fall reicht die Menge für 4 Personen.

Hechtklößchen in Weinsoße

Zutaten für 2 – 3 Personen

Für die Klößchen:

1 Brötchen vom Vortag
300 g Hechtfilet
1 Eiweiß
100 g Sahne
1 EL fein gehackte Petersilie
Salz
weißer Pfeffer
Muskatnuss
1 Glas Fischfond (450 ml)

Für die Soße:

1 Schalotte
1 EL Butter
1 TL Speisestärke
1/8 l trockener Weißwein
100 g Sahne
Salz
weißer Pfeffer
2 EL Noilly Prat
1 Eigelb

- Das Brötchen in Würfel schneiden und in etwas Wasser einweichen
- Das Hechtfleisch mit einer Pinzette von den Gräten befreien, dann in Stücke schneiden und mit dem Pürierstab fein pürieren
- Das Fleisch mit dem ausgedrückten Brötchen, dem Eiweiß, der Sahne und der Petersilie mischen
- Die Masse mit Salz, Pfeffer und Muskatnuss würzen und nochmals pürieren
- Etwa 1 Stunde kühl stellen
- Für die Soße die Schalotte schälen und sehr fein hacken
- Die Butter in einem Topf zerlassen und die Schalotte darin glasig dünsten
- Die Speisestärke mit dem Wein verrühren; den Wein und die Sahne angießen
- Die Soße mit Salz und Pfeffer würzen und bei mittlerer Hitze um die Hälfte einkochen lassen
- Den Fischfond bis kurz unter den Siedepunkt erhitzen
- Aus der Fischmasse mit einem Esslöffel Klößchen abstechen
- Die Klößchen in dem Fischfond etwa 10 Minuten bei schwacher Hitze gar ziehen lassen
- Die Klößchen auf eine vorgewärmte Platte legen, mit etwas Fischfond begießen und warm stellen
- Den restlichen Fischfond durch ein Sieb gießen
- Etwa 100 ml von der Flüssigkeit und den Noilly Prat in die Soße geben
- Die Soße nochmals etwas einkochen lassen, dann von der Kochstelle nehmen
- Das Eigelb verquirlen und die Soße damit legieren
- Die Klößchen auf vorgewärmte Teller verteilen und mit der Soße begießen.

Noilly Prat gilt als der trockenste Wermut. Der Name stammt von den Schöpfern Louis Noilly und Claudius Prat. Die Basis sind leichte, säurereiche Weine, die vermischt mit 40 verschiedenen Kräutern und Gewürzen 18 Monate bei direkter Sonneinstrahlung im französischen Süden lagern. Danach lagert er noch für drei Jahre in Kellern, wo er seine volle Reife erhält.

Kretzer nach Bodensee-Art

Zutaten für 4 Personen
800 g Kretzerfilets
Salz
weißer Pfeffer
1 Ei
100 g Mandelblättchen
30 g Butter

- Die Kretzerfilets unter fließendem Wasser abwaschen, trockentupfen und mit Salz und Pfeffer würzen
- Das Ei in einen tiefen Teller geben und verquirlen
- Die Mandelblättchen in einen anderen Teller schütten
- Die Filets zuerst in dem Ei, dann in den Mandelblättchen wenden
- Die Butter in einer Pfanne zerlassen und die Kretzerfilets darin bei mittlerer Hitze von beiden Seiten goldbraun braten
- Die Kretzerfilets auf einer vorgewärmten Platte anrichten
- Dazu passen ein bunter Salat und Salzkartoffeln.

Kretzer wird der Bodenseebarsch bei Meersburg genannt.
Bei Konstanz auf der Schweizer Seeseite nennt man ihn Egli.
Egal wie er heißt – er ist eine Delikatesse.

Zanderfilet mit Shrimps

Zutaten für 4 Personen

800 g Zanderfilets
Salz
weißer Pfeffer
1/2 Bd Dill
1 EL Butter
100 ml trockener Weißwein
100 g Sahne
3 EL Noilly Prat
100 g Shrimps

- Die Zanderfilets unter fließendem Wasser abspülen, trockentupfen und mit Salz und Pfeffer würzen
- Den Dill abbrausen und trockenschütteln, einige Zweiglein zur Dekoration beiseite legen
- Den restlichen Dill ohne die groben Stiele fein hacken
- Die Butter in einer Pfanne zerlassen
- Die Zanderfilets darin von beiden Seiten bei schwacher Hitze goldgelb anbraten
- Die Filets herausnehmen und auf einer vorgewärmten Platte zugedeckt beiseite stellen
- Den Weißwein, die Sahne und den Noilly Prat in die Pfanne geben und den Bratenfond loskochen
- Die Soße durch ein Sieb passieren, wieder in die Pfanne geben und etwas einkochen lassen, bis sie sämig ist
- Die Shrimps und den fein gehackten Dill in die Soße geben und darin kurz erwärmen
- Die Zanderfilets auf vorgewärmte Teller verteilen, mit der Soße bedecken und mit dem Dill garnieren
- Dazu passt Wildreis.

Wie der Egli oder Kretzer ist auch der Zander ein typischer Bodenseefisch. Er hat einen fein-kräftigen Geschmack.

Gebackener Hecht

Zutaten für 4 Personen

1 Hecht von ca. 1 – 1,5 kg, küchenfertig vorbereitet
Salz
Pfeffer
4 EL Zitronensaft
40 g Butter
4 Schalotten
50 g geriebener Parmesan
2 EL grob gemahlene Mandeln
450 g Crème fraîche
Mehl oder Stärkemehl
100 ml Weißwein

- Den Hecht innen und außen gründlich waschen und trockentupfen
- Die Bauchflossen entfernen
- Den Fisch innen und außen mit Zitronensaft beträufeln und mit Salz und Pfeffer würzen
- Den Backofen auf 150 °C (Umluft 130 °C, Gas Stufe 2) vorheizen
- Einen großen Bräter mit Butter ausstreichen und den Fisch hineinsetzen
- Die Schalotten schälen und sehr fein hacken
- Mit dem Parmesan, den Mandeln und der Crème fraîche vermengen und den Fisch damit bestreichen
- Den Fisch im Backofen etwa 30 Minuten garen, dabei immer wieder mit dem Bratfond beschöpfen
- Der Fisch ist fertig, wenn sich die Rückenflosse leicht herausziehen lässt
- Den fertigen Fisch herausnehmen und filetieren, dann zugedeckt warm stellen
- Den Bratenfond nach Belieben mit etwas Mehl oder Stärkemehl binden, mit Weißwein abschmecken und mit Salz und Pfeffer würzen.

Tipp

Zum gebackenen Hecht passen Salzkartoffeln.

Saure Sulz

Zutaten für 2 Personen

1 kleine Zwiebel
1 Möhre
1 Stück Sellerie (etwa 100 g)
1 EL Schweineschmalz
1–2 EL Mehl
1 TL Tomatenmark
1/8 l Rotwein
1/8 l Fleischbrühe
1 EL Rotweinessig
1 Lorbeerblatt
3 Wacholderbeeren
Salz
schwarzer Pfeffer
300 g Kutteln, gekocht und fein geschnitten

- Die Zwiebel schälen und halbieren
- Die Möhre und den Sellerie schälen und in grobe Stücke schneiden
- Das Butterschmalz in einem Topf erhitzen, das Mehl dazugeben und unter Rühren bei mittlerer Hitze goldbraun rösten
- Das Tomatenmark dazugeben und langsam den Wein, die Fleischbrühe und den Essig angießen, dabei kräftig rühren, damit sich keine Klümpchen bilden
- Die Zwiebel, die Möhre, den Sellerie, das Lorbeerblatt und die Wacholderbeeren dazugeben
- Die Soße mit Salz und Pfeffer würzen und zugedeckt bei schwacher Hitze etwa 30 Minuten köcheln lassen
- Die Kutteln unter fließendem kalten Wasser abbrausen und abtropfen lassen
- Die Soße durch ein Sieb in einen anderen Topf gießen
- Die Kutteln dazugeben
- Alles zugedeckt noch etwa 20 Minuten bei schwacher Hitze köcheln lassen
- Die saure Sulz eventuell nochmals mit Salz, Pfeffer und etwas Essig würzen
- Dazu passen Brägele (siehe S. 32).

Kutteln werden aus dem Netzmagen des Rindes fein geschnitten und bereits gekocht beim Metzger angeboten. Mancher schätzt sie als Delikatesse, wenn sie wie hier in einer feinwürzigen Weinsoße serviert werden.

Saure Leberle

Zutaten für 2 Personen

300 g Kalbsleber
1/4 l Milch
1 kleine Zwiebel
2 EL Butterschmalz
1/8 l Fleischbrühe
75 ml trockener Weißwein
Salz
schwarzer Pfeffer
100 g Crème fraîche

- Die Kalbsleber unter fließendem kalten Wasser abspülen und in eine flache Form geben
- Die Milch darüber gießen; dabei sollte die Leber mit Milch bedeckt sein
- Zugedeckt etwa 30 Minuten stehen lassen
- Die Zwiebel schälen und fein hacken
- Die Leber aus der Milch nehmen, trockentupfen und in feine Streifen schneiden
- 1 EL Butterschmalz in einer Pfanne erhitzen und die Zwiebel darin bei schwacher Hitze glasig dünsten
- Die Hitze erhöhen, die Leber dazugeben und bei mittlerer Hitze rundum in etwa 3 Minuten braun braten
- Aus der Pfanne nehmen und zugedeckt warm stellen
- Das restliche Butterschmalz in der Pfanne erhitzen, das Mehl dazugeben und goldgelb anschwitzen
- Die Fleischbrühe und den Wein unter Rühren angießen
- Die Soße etwa um die Hälfte einkochen lassen
- Die Crème fraîche unterrühren und die Soße mit Salz und Pfeffer würzen
- Die Leberstreifen hineingeben, kurz ziehen lassen und servieren.

Allzu oft sollten Innereien wegen der hohen Schadstoffbelastung nicht auf dem Speisezettel stehen.

TIPP

Mit Brägele (siehe S. 32) ist saures Leberle eine sättigende Hauptmahlzeit, mit Brot auch mal ein Vesper zwischendurch. Sie können die Kalbsleber auch durch Schweineleber ersetzen.

Tipp

Für die Meerrettichkartoffeln sollten Sie möglichst fest kochende Kartoffeln nehmen, da diese nicht so leicht zerfallen. Wenn Sie die Kartoffeln so wie ich ohne Mehlschwitze zubereiten, eignen sich besonders stärkereiche Sorten wie Sieglinde.

Ochsenfleisch
mit Meerrettichkartoffeln

Zutaten für 4 Personen

Für das Fleisch:

1 Lauchstange

1 Stück Sellerie (etwa 100 g)

2 Möhren

1 Zwiebel

1 Bd Petersilie

4 – 5 Pfefferkörner

Salz

4 Markknochen

1 kg Ochsenfleisch (Brustspitze)

Für die Kartoffeln:

1 kg fest kochende Kartoffeln

Salz

Pfeffer

1/4 l Fleischbrühe

1/4 l Milch

100 g Sahne

3 EL Meerrettich, frisch gerieben

- Den Lauch längs einschneiden und unter fließendem Wasser gründlich abspülen, das Wurzelende und die dunkelgrünen Blätter abschneiden
- Die Möhren und den Sellerie waschen und schälen
- Die Petersilie waschen, die Zwiebel schälen und halbieren
- Die Hälften mit der Schnittfläche in einer Pfanne ohne Fett bei mittlerer Hitze goldbraun rösten
- Die Markknochen und das Fleisch unter fließendem kalten Wasser gründlich abspülen
- Die Markknochen mit dem vorbereiteten Gemüse und den Pfefferkörnern in einen großen Topf geben
- 1 1/2 l Wasser angießen, mit Salz würzen und alles zum Kochen bringen
- Eventuell aufsteigenden Schaum abschöpfen
- Das Fleisch in das kochende Wasser geben, es sollte von der Flüssigkeit bedeckt sein
- Die Hitze reduzieren und das Fleisch zugedeckt bei schwacher Hitze im leicht siedenden Wasser in etwa 1 1/2 Stunden garen
- Die Kartoffeln waschen, schälen und in etwa 1/2 cm dicke Scheiben schneiden
- In einen großen Topf geben
- Die Fleischbrühe und die Milch angießen und mit Salz und Pfeffer würzen
- Die Kartoffeln bei schwacher Hitze in etwa 20 Minuten garen
- Die Sahne und den Meerrettich zu den Kartoffeln geben und alles gut verrühren
- Den Schnittlauch waschen, trockenschütteln, in feine Röllchen schneiden und die Meerrettichkartoffeln damit bestreuen
- Das Fleisch aus der Brühe nehmen und quer zur Faser in dünne Scheiben schneiden
- Mit den Meerrettichkartoffeln auf vorgewärmte Teller geben
- Das Fleisch mit etwas Brühe begießen und servieren.

Variante

Die Meerrettichkartoffeln können Sie auch mit einer Mehlschwitze zubereiten. Dafür die Kartoffelscheiben in Salzwasser garen und abgießen. 3 EL Butter in einem Topf erhitzen. 2 EL Mehl dazugeben und unter Rühren goldgelb anschwitzen. Mit der Fleischbrühe und der Milch aufgießen – dabei kräftig mit dem Schneebesen rühren, damit es keine Klümpchen gibt. Die Sahne und den Meerrettich unterrühren, die Soße mit Salz und Pfeffer würzen. Die Kartoffelscheiben in die Soße geben und kurz erwärmen.

Gefüllte Kalbsbrust

Zutaten für 4 – 6 Personen

1 1/2 kg Kalbsbrust (vom Metzger eine Tasche hineinschneiden lassen)
1 EL Butter
1 Zwiebel
1/2 Bd Petersilie
1 Ei
1 Brötchen vom Vortag
1/8 l Milch
Salz
Pfeffer
Muskatnuss
300 g Kalbsbrät
2 EL Butterschmalz
1/4 l trockener Weißwein
125 g Crème fraîche

- Die Kalbsbrust unter fließendem kalten Wasser abspülen und gut trockentupfen, außen und innen mit Salz und Pfeffer würzen
- Die Brötchen in Würfel schneiden und mit der Milch begießen
- Die Zwiebel schälen und fein hacken
- Die Petersilie waschen, trockenschütteln und ohne die groben Stiele fein hacken
- Die Butter in einer kleinen Pfanne erhitzen
- Die Zwiebel und die Petersilie darin bei schwacher Hitze unter Rühren andünsten
- Das Brät in eine Schüssel geben
- Mit dem Ei, der Petersilie, der Zwiebel und dem ausgedrückten Brötchen mischen
- Die Masse mit Salz, Pfeffer und Muskatnuss würzen
- Die Kalbsbrust mit der Masse füllen und die Öffnung mit einem Küchengarn zunähen
- Das Butterschmalz in einem Bräter erhitzen
- Die Kalbsbrust darin rundherum kurz anbraten, dann den Weißwein angießen
- Die Kalbsbrust im Backofen bei 180 °C (Umluft 160 °C, Gas Stufe 3) zugedeckt etwa 1 1/2 Stunden braten
- Dabei immer wieder mit dem Bratensaft beschöpfen; eventuell noch etwas heißes Wasser, Fleischbrühe oder Wein nachgießen
- Die Kalbsbrust herausnehmen und zugedeckt warm stellen
- Den Bratenfond mit der Crème fraîche loskochen und durch ein Sieb passieren; eventuell mit Salz und Pfeffer würzen
- Die Kalbsbrust mit einem scharfen Messer in nicht zu dünne Scheiben schneiden
- Die Soße getrennt dazu reichen.

Tipp

Als Beilage passen Spätzle und Möhrengemüse oder Brokkoli zur Kalbsbrust.

Tipp

Das Schäufele schmeckt auch sehr gut mit Kraut. Dafür das Fleisch nach 1 Stunde Kochzeit aus der Brühe nehmen und im Sauerkraut in etwa 1 Stunde fertig garen.

Schäufele
mit Kartoffelsalat

Zutaten für 4 Personen

Für das Schäufele:

- 1250 g Schäufele (mit Knochen)
- 1 Zwiebel
- 1 Lorbeerblatt
- 2 Nelken
- 4–5 Wacholderbeeren
- 3–4 Pfefferkörner

Für den Kartoffelsalat:

- 1 kg fest kochende Kartoffeln
- Salz
- 1 Zwiebel
- 1/4 l kräftige Fleischbrühe
- 1 TL Senf
- 3 EL Essig
- 5 EL Sonnenblumenöl
- Pfeffer
- 1 Bd Schnittlauch

- 1 l Wasser in einem Topf zum Kochen bringen
- Das Schäufele unter fließendem kalten Wasser abwaschen
- Die Zwiebel schälen und halbieren; die Hälften mit der Schnittfläche nach unten in eine Pfanne legen und bei mittlerer Hitze ohne Fett bräunen
- Das Lorbeerblatt, die Zwiebel, die Nelken, die Wacholderbeeren, die Pfefferkörner und das Schäufele in das kochende Wasser geben
- Alles zugedeckt bei schwacher Hitze etwa 2 Stunden ziehen lassen, bis das Fleisch gar ist
- Für den Kartoffelsalat die Kartoffeln gründlich waschen und in einen Topf geben
- Etwa 2 cm hoch Wasser angießen und mit Salz würzen
- Die Kartoffeln zugedeckt bei schwacher Hitze in etwa 30 Minuten (je nach Größe) garen
- Die Zwiebel schälen und in feine Würfel schneiden
- Die Kartoffeln abgießen und kalt abschrecken
- Noch warm schälen, in nicht zu dünne Scheiben schneiden und in eine Schüssel geben
- Die Zwiebelwürfel darüber verteilen
- Die Fleischbrühe erhitzen, mit dem Senf und dem Essig mischen und über die Kartoffeln gießen
- Den Salat zugedeckt etwa 1 Stunde ziehen lassen
- Den Schnittlauch waschen, trockenschütteln und in feine Röllchen schneiden
- Kurz vor dem Servieren das Öl an den Kartoffelsalat geben
- Den Salat mit Pfeffer würzen, vorsichtig mischen und mit den Schnittlauchröllchen garnieren
- Das Schäufele aus der Brühe nehmen und vom Knochen lösen
- Das Fleisch in Scheiben schneiden und auf einer Platte anrichten.

Schäufele nennt man das Schulterstück mit Knochen vom Schwein. Es wird leicht gepökelt und geraucht, deshalb können Sie es ohne Salz kochen.

Schlachtplatte mit Kraut

Zutaten für 4 – 6 Personen

1 Zwiebel

3 EL Schweineschmalz mit Grieben

3 Lorbeerblätter

5 Wacholderbeeren

2 Nelken

1 große Dose Sauerkraut (Abtropfgewicht 770 g)

1/4 l trockener Weißwein

1 kg Schweinebauch

je 4 Blut- und Leberwürste

1 Scheibe durchwachsener Speck

- Die Zwiebeln schälen und fein hacken
- Das Schmalz in einem großen Topf zerlassen und die Zwiebeln darin bei schwacher Hitze andünsten
- Das Sauerkraut zerpflücken und zu den Zwiebeln geben
- Die Lorbeeren, die Wacholderbeeren und die Nelken dazugeben und den Weißwein angießen
- Alles mit Salz und Pfeffer würzen und aufkochen
- Den Schweinebauch und den Speck ins Kraut geben und alles zugedeckt bei schwacher Hitze etwa 2 Stunden köcheln lassen, dabei aufpassen, dass nichts anbrennt
- Wasser in einem Topf aufkochen
- Die Hitze reduzieren und die Blut- und Leberwürste in dem heißen, nicht mehr kochenden Wasser etwa 15 Minuten ziehen lassen
- Die Lorbeerblätter, die Wacholderbeeren und die Nelken aus dem Kraut entfernen
- Den Schweinebauch und den Speck herausnehmen und in Scheiben schneiden
- Das Sauerkraut mit dem Schweinebauch, dem Speck und den Würsten auf einer Platte anrichten
- Dazu passen Brägele (siehe S. 32).

TIPP

Früher haben die Hausfrauen das Kraut mit einem „Zwärle" leicht gebunden. Dafür 2 TL Speisestärke mit etwas Weißwein verrühren, unter das Kraut rühren und einmal aufkochen lassen.

Bäckoffa

Zutaten für 8 Personen

Je 600 g Schweine-, Ochsen- und Lammfleisch
2 Zwiebeln
2 Knoblauchzehen
1 Lorbeerblatt
1/2 TL getrockneter Thymian
3/4 l Riesling
2 Möhren
1 Stange Lauch
1 kg fest kochende Kartoffeln
1 Bd Petersilie
30 g Schweineschmalz
Salz
Pfeffer
150 g Mehl

- Das Fleisch in mundgerechte Würfel schneiden
- 1 Zwiebel und 1 Knoblauchzehe schälen und fein hacken
- Diese Zutaten mit dem Lorbeerblatt und dem Thymian in einen Tontopf geben, mit der Hälfte des Weins begießen und über Nacht im Kühlschrank marinieren
- Am nächsten Tag die Möhren schälen und in feine Scheiben schneiden
- Den Lauch putzen, längs aufschlitzen, abbrausen und in feine Halbringe schneiden
- Die Kartoffeln waschen, schälen und in Scheiben schneiden
- Die Petersilie waschen, trockenschütteln und die Blättchen fein hacken
- Die restliche Zwiebel schälen, halbieren und in Halbringe schneiden
- Die zweite Knoblauchzehe schälen und fein hacken
- Den Backofen auf 160 °C (Umluft 140 °C, Gas Stufe 2) vorheizen
- Eine Keramikform mit dem Schmalz ausstreichen
- Zuunterst eine Schicht Kartoffeln legen, darauf eine Lage Fleischwürfel, dann Möhren, Lauch, Zwiebeln und Knoblauch verteilen, wieder eine Lage Fleisch einschichten und mit den restlichen Kartoffeln bedecken
- Jede Lage mit Salz und Pfeffer würzen und mit etwas Petersilie bestreuen
- Den restlichen Wein darüber gießen
- Den Deckel der Form aufsetzen
- Das Mehl mit etwas lauwarmem Wasser zu einem formbaren Teig kneten und zu einer langen Rolle formen
- Von außen gegen den Spalt zwischen Deckel und Topf drücken und den Deckel damit „luftdicht“ verschließen
- Den Bäckoffa im Backofen etwa 3 Stunden garen
- Dann herausnehmen, den Teigrand entfernen und den Bäckoffa in der Form auf den Tisch bringen.

Dies ist ein berühmtes Gericht, das ursprünglich aus dem benachbarten Elsass stammt.

Kalbsvögele

Zutaten für 4 Personen

300 g Tiefkühl-Blattspinat
2 kleine Zwiebeln
300 g Champignons
2 EL Butter
2 Knoblauchzehen
Salz
Pfeffer
1 Prise geriebene Muskatnuss
3 EL geriebener Parmesan
4 dünne, lange Kalbsschnitzel (à ca. 150 g)
3 EL Butterschmalz
1 EL Mehl
1/8 l Weißwein
1/8 l Fleischbrühe
200 g Sahne

Außerdem:

4 Rouladennadeln oder Holzspießchen

- Den Spinat auftauen lassen
- Die Zwiebeln schälen und fein hacken
- Die Champignons putzen und in feine Scheiben schneiden
- 1 EL Butter erhitzen und die Hälfte der Zwiebeln darin glasig dünsten
- 1 Knoblauchzehe schälen, durchpressen und mitdünsten
- Den Spinat zufügen und kurz andünsten, mit Salz, Pfeffer und Muskat würzen; anschließend etwas abkühlen lassen
- Die Schnitzel beidseitig salzen und pfeffern
- Den Spinat sehr gut ausdrücken und den Parmesan untermischen
- Die Fleischscheiben damit belegen, aufrollen und die Enden mit Rouladennadeln oder Holzspießchen feststecken
- Den Backofen auf 150 °C (Umluft 130 °C, Gas Stufe 2) vorheizen
- Das Butterschmalz in einer hohen Pfanne erhitzen und die Rouladen darin rundum kräftig anbraten
- Die Kalbsrouladen herausnehmen und in einer feuerfesten Form im Backofen weitergaren, bis die Soße fertig ist
- Die Hitze auf der Kochstelle reduzieren, die restliche Zwiebel in die Pfanne geben und glasig dünsten
- Die Champignons hinzufügen und garen, bis die Flüssigkeit, die sich dabei bildet, fast verdunstet ist
- Wein, Fleischbrühe und Sahne angießen, mit Salz und Pfeffer würzen und bei mittlerer Hitze etwas einkochen lassen
- Die Kalbsrouladen in die Soße legen und darin noch etwa 30 Minuten zugedeckt schmoren lassen
- Die Spießchen entfernen und heiß servieren.

Tipp

Dazu passen Spätzle und Möhrengemüse oder Blattspinat.

Sauerbraten

Zutaten für 4–6 Personen

Für die Marinade:

1 Zwiebel
2 Möhren
150 g Sellerieknolle
1 Stange Lauch
3/4 l Rotwein
1/4 l Rotweinessig
1 Lorbeerblatt
2 Nelken
4–5 schwarze Pfefferkörner

Für den Braten:

1 kg Rindfleisch (aus der Schulter)
Salz
Pfeffer
40 g Butterschmalz
2 Scheiben Schwarzbrot
2 EL Crème fraîche

- Für die Marinade Zwiebel, Möhren und Sellerie schälen
- Die Zwiebel halbieren, Möhren und Sellerie in Stücke schneiden
- Den Lauch putzen, längs aufschneiden, unter kaltem Wasser abbrausen und in Halbringe schneiden
- Rotwein, Essig und Gemüse in einer Porzellanschüssel mischen
- Das Lorbeerblatt mit den Nelken an einer Zwiebelhälfte feststecken und diese in die Marinade geben
- Die Pfefferkörner hinzufügen und das Fleisch einlegen
- Zugedeckt im Kühlschrank 2 bis 3 Tage marinieren
- Dann das Fleisch aus der Marinade nehmen, trockentupfen und mit Salz und Pfeffer würzen
- Das Butterschmalz in einem Bräter erhitzen und das Fleisch darin von allen Seiten anbraten
- Inzwischen den Backofen auf 150 °C (Umluft 130 °C, Gas Stufe 2) vorheizen
- Das Gemüse aus der Marinade nehmen und zum Fleisch geben
- Mit der Hälfte der Marinade ablöschen
- Das Brot in Stücke schneiden und hinzufügen
- Den Braten im Backofen zugedeckt 1 1/2 bis 2 Stunden offen schmoren lassen, dabei nach und nach etwas Marinade angießen
- Das Fleisch herausnehmen und zugedeckt warm stellen
- Die Soße durch ein Sieb streichen oder mit dem Pürierstab fein pürieren (Nelken, Lorbeerblatt und Pfefferkörner vorher entfernen)
- Die Crème fraîche unterrühren
- Das Fleisch in Scheiben schneiden und mit der Soße übergießen.

Tipp

Zu Sauerbraten passen Spätzle, Kartoffel- oder Semmelknödel.

TIPP

Fasane gibt es im Markgräflerland noch wild. Zu dem feinen Geflügel passen mildes Weinsauerkraut oder Rotkraut und Kartoffelpüree.

Fasan
mit glasierten Maronen

Zutaten für 4 Personen

1 junger Fasan (etwa 1 kg), küchenfertig vorbereitet
Salz
schwarzer Pfeffer
100 g fetter Speck in dünnen Scheiben
2 Möhren
1 Stange Lauch
1 Zwiebel
50 g Butterschmalz
1/4 l trockener Rotwein

Für die Maronen:

500 g Maronen
3 EL Butter
1/8 l Fleischbrühe
1 EL Zucker

- 1 l Wasser zum Kochen bringen
- Die Schale der Maronen kreuzweise einritzen
- Die Maronen in dem kochenden Wasser etwa 15 Minuten garen, bis sich die Schalenenden nach außen biegen
- Die Maronen abgießen, kalt abschrecken und schälen
- Den Fasan innen und außen abwaschen, trockentupfen und mit Salz und Pfeffer würzen
- Die Brust des Fasans mit den Speckscheiben belegen und mit Küchengarn umwickeln
- Den Backofen auf 200 °C (Umluft 180 °C, Gas Stufe 4) vorheizen
- Die Möhren schälen und in kleine Würfel schneiden
- Den Lauch längs aufschlitzen, gründlich abbrausen und in Halbringe schneiden
- Die Zwiebel schälen und halbieren
- Das Butterschmalz in einem großen Bräter erhitzen
- Den Fasan hineingeben und von allen Seiten kurz anbraten
- Das Gemüse um den Fasan herum verteilen und mitbraten
- Den Fasan mit den Speckscheiben nach oben in den Bräter legen und im Backofen etwa 15 Minuten braten, dabei immer wieder mit etwas Wein und dem Bratenfond beschöpfen
- Den Fasan wenden und nochmals etwa 15 Minuten braten, weiterhin immer wieder mit etwas Wein und dem Bratenfond beschöpfen
- Für die Maronen die Fleischbrühe aufkochen
- Die Butter, den Zucker und die Maronen dazugeben und umrühren
- Die Maronen zugedeckt bei schwacher Hitze etwa 15 Minuten garen
- Von den Maronen nach 15 Minuten den Deckel abnehmen. Die Maronen noch etwa 5 Minuten garen, bis sie glänzen
- Das Küchengarn vom Fasan entfernen
- Den Fasan mit den Maronen auf einer Platte anrichten und warm stellen
- Den Bratenfond durch ein Sieb in einen Topf passieren
- Den restlichen Wein dazugeben und aufkochen
- Die Soße mit Salz und Pfeffer würzen und getrennt zum Fasan reichen.

TIPP

Wenn Sie keinen Rosenkohl mögen, können Sie zu der Gans auch Rotkohl und glasierte Maronen (siehe S. 76) reichen. Zu diesem traditionellen Martini-Essen passen Kartoffelklöße oder Kartoffelküchle.

Martinsgans
mit Rosenkohl

Zutaten für 6–8 Personen

1 Gans (etwa 3,5 kg), küchenfertig vorbereitet
3 Äpfel (z. B. Boskop)
2 Brötchen
1/2 Bd glatte Petersilie
1 kg Rosenkohl
100 g roher magerer Schinken
2 EL Butter
Muskatnuss
Salz
schwarzer Pfeffer

- Die Gans innen und außen abspülen, trockentupfen und mit Salz und Pfeffer würzen
- Die Äpfel schälen, vierteln und das Kerngehäuse entfernen
- Die Apfelviertel in Scheiben schneiden, die Brötchen in Würfel schneiden
- Die Petersilie waschen und trockenschütteln
- Die Blättchen abzupfen und fein hacken
- Alles in einer Schüssel mischen
- Den Backofen auf 200 °C (Umluft 180 °C, Gas Stufe 4) vorheizen
- Die Apfelfüllung in die Gans füllen
- Die Öffnung mit Küchengarn zunähen oder zubinden
- Die Gans mit einer Gabel mehrmals einstechen, damit das Fett beim Garen abfließen kann
- Den Boden eines Bräters mit Wasser bedecken
- Den Bräter in den Backofen schieben und das Wasser erhitzen
- Die Gans hineinlegen und im Backofen (untere Schiene) in etwa 2 1/2 bis 3 Stunden knusprig braten; dabei die Gans immer wieder mit dem Bratenfond beschöpfen
- In der Zwischenzeit den Rosenkohl waschen und putzen, die unteren Enden kreuzweise einschneiden
- Den Rosenkohl in wenig Salzwasser bei schwacher Hitze zugedeckt in etwa 10 Minuten bissfest garen
- Den Schinken in kleine Würfel schneiden
- Mit der Butter unter den Rosenkohl mischen
- Das Gemüse mit Salz, Pfeffer und Muskatnuss würzen
- Die Gans herausnehmen und etwa 10 Minuten ruhen lassen, dann tranchieren, auf einer Platte anrichten und warm stellen
- Den Bratenfond entfetten und durch ein Sieb in einen Topf gießen
- Etwas Wasser dazugeben und alles aufkochen
- Die Soße etwas einkochen lassen und eventuell nochmals mit Salz und Pfeffer würzen.

Rehrücken

Zutaten für 4–6 Personen

Für die Marinade:

- 1 Stange Lauch
- 2 Möhren
- 1/4 Sellerieknolle
- 1 l Buttermilch
- 4–5 Wacholderbeeren
- 3 Lorbeerblätter

Für den Rehrücken:

- 1 Rehrücken von etwa 2 kg
- 4–6 Birnen
- 1/2 l kräftiger trockener Rotwein
- 1 Stange Zimt
- 1 Gewürznelke
- 1 Glas Preiselbeeren
- 1 Stange Lauch
- 2 Möhren
- 1/4 Sellerieknolle
- 1/4 l Fleisch- oder Wildbrühe
- 100 g Sahne

- Den Rehrücken von Haut und Sehnen befreien, unter fließendem kalten Wasser abwaschen und trockentupfen
- Für die Marinade den Lauch längs aufschlitzen und unter fließendem Wasser gründlich abspülen
- Die weißen und hellgrünen Teile in feine Streifen schneiden
- Die Möhren und den Sellerie schälen und in kleine Würfel schneiden
- Die Wacholderbeeren zerdrücken
- Den Rehrücken mit Pfeffer würzen und mit den zerdrückten Wacholderbeeren einreiben
- In eine passende Form mit Deckel legen
- Das Gemüse um den Rehrücken herum verteilen und die Buttermilch angießen, der Rehrücken sollte gerade bedeckt sein
- Zugedeckt im Kühlschrank etwa 12 Stunden marinieren
- Den Lauch längs halbieren, unter fließendem Wasser gründlich abspülen und in Halbringe schneiden
- Die Möhren und den Sellerie waschen und grob würfeln
- Die Schalotten schälen und vierteln
- Die Birnen waschen, schälen und halbieren, die Kerngehäuse entfernen
- Die Hälfte des Rotweins mit der Zimtstange und den Gewürznelken erhitzen
- Die Birnenhälften darin etwa 10 Minuten bei schwacher Hitze dünsten
- Herausnehmen und abkühlen lassen
- Den Backofen auf 200 °C (Umluft 180 °C, Gas Stufe 4) vorheizen
- Den Rehrücken aus der Marinade nehmen und trockentupfen
- Das Butterschmalz in einem Bräter mit Deckel erhitzen
- Den Rehrücken darin rundum anbraten
- Das Gemüse dazugeben und unter Rühren kurz mitbraten lassen
- Den restlichen Rotwein angießen

- Den Bräter in den Backofen (untere Schiene) schieben und den Rehrücken zugedeckt etwa 1 Stunde garen
- Den Rehrücken herausnehmen, vom Knochen lösen und zugedeckt warm stellen
- Die Soße mit dem Gemüse durch ein Sieb streichen, durch die Flotte Lotte passieren oder mit dem Pürierstab fein pürieren
- Die Sahne unterrühren und alles nochmals erhitzen
- Die Birnenhälften mit den Preiselbeeren füllen
- Den Rehrücken in Scheiben schneiden und mit den Birnenhälften auf einer Platte anrichten, die Soße getrennt dazu reichen.

TIPP

Dazu passen Knöpfle (siehe S. 88) oder Buabaspitzle (siehe S. 122, einfach die süßen Beigaben weglassen).

Strübli

Zutaten für 4 Personen
250 g Mehl
2 große Eier
1 EL Zucker
Salz
200 ml Milch
Frittierfett zum Ausbacken

- Die Eier trennen, das Mehl in eine Schüssel sieben
- Die Eigelbe, den Zucker und 1 Prise Salz dazugeben und alles gut verrühren
- Nach und nach die Milch unter Rühren mit dem Schneebesen dazugeben; der Teig sollte glatt und etwas dicker als ein Pfannkuchenteig sein
- Die Eiweiße mit den Schneebesen des Handrührgerätes steif schlagen
- Den Eischnee unter den Teig heben
- Das Fett in einem hohen Topf oder in einer Fritteuse erhitzen
- Pro Strübli etwa einen kleinen Schöpflöffel voll Teig durch einen Strübli-Trichter (siehe unten) schneckenförmig ins heiße Fett fließen lassen
- Die Strübli von beiden Seiten goldgelb backen.

Strübli-Trichter erhalten Sie vermutlich nur in Baden. Alternativ können Sie auch einen ganz normalen Trichter verwenden.

Tipp

Striebli oder Strübli werden zu Kartoffelsuppe oder Spargel gereicht.

Spargel mit Schinken

Zutaten für 4 Personen

2 kg Spargel
Salz
1/2 TL Zucker
125 g Butter
12 Scheiben gekochter Schinken

- Die Spargelstangen mit einem Sparschäler oder einem kleinen, scharfen Küchenmesser schälen, dabei immer unterhalb der Spargelspitzen beginnen
- Oben dünner, nach unten dicker abschälen, die Enden abschneiden
- Reichlich Wasser in einem großen Topf zum Kochen bringen
- Salz, den Zucker und 1 EL Butter dazugeben
- Die Spargelstangen in das kochende Wasser geben
- Die Hitze reduzieren und den Spargel – je nach Dicke – bei schwacher Hitze in 10 bis 15 Minuten bissfest garen
- Die restliche Butter in einem kleinen Topf bei schwacher Hitze schmelzen, in eine Sauciere füllen und warm stellen
- Den Spargel portionsweise auf Teller verteilen
- Die Butter und den Schinken getrennt dazu reichen.

Zu Spargel serviert man in Baden Kratzete (siehe S. 92), Flädle (siehe S. 86) oder Strübli (siehe S. 82).

Tipp

So erkennen Sie, ob Spargel frisch ist: Frische Spargelstangen quietschen, wenn man sie leicht aneinander reibt, und die Schnittstellen sind feucht.

Flädle

Zutaten für 4 Personen

150 g Mehl
3 Eier
1/4 l Milch
Salz
Butter zum Braten

- Das Mehl in eine Schüssel sieben
- Die Eier dazugeben und kräftig unterschlagen – das geht am besten mit den Schneebesen des elektrischen Handrührgerätes
- Dann die Milch nach und nach unterrühren und den Teig mit Salz würzen
- Den Teig zugedeckt etwa 10 Minuten quellen lassen
- Etwas Butter in einer Pfanne zerlassen
- So viel Teig in die Pfanne geben, dass der Boden dünn bedeckt ist
- Den Pfannkuchen von beiden Seiten goldbraun backen
- So weiter verfahren, bis der ganze Teig verbraucht ist
- Die fertigen Pfannkuchen zugedeckt warm stellen
- Die Pfannkuchen einrollen oder zur Hälfte zusammenlegen, dann nochmals zur Hälfte zusammenlegen – so werden sie als Beilage zu Spargel gereicht.

Flädle kennt man in ganz Baden-Württemberg in den verschiedensten Variationen. In Streifen geschnitten als Suppeneinlage, mit Hackfleisch oder Brät gefüllt als Hauptgericht, als Beilage zu Spargel oder als feiner Nachtisch mit Heidelbeeren gefüllt und mit Puderzucker bestäubt.

Knöpfle

Zutaten für 4 Personen

500 g Mehl
4 Eier
Salz
2 – 3 EL Mineralwasser
2 EL Butter zum Schwenken
1 – 2 EL Schnittlauchröllchen zum Garnieren

- Das Mehl in eine Schüssel sieben
- Die Eier und Salz dazugeben und mit einem Holzlöffel kräftig unterschlagen
- Das Mineralwasser hinzufügen, der Teig muss sehr fest sein
- Den Teig so lange schlagen, bis er Blasen wirft
- Reichlich Salzwasser in einem großen Topf zum Kochen bringen
- Den Knöpfleteig portionsweise in einen speziellen Knöpflehobel geben und ins siedende Wasser schaben
- Wenn die Knöpfle oben schwimmen, sind sie gar
- Die Knöpfle mit einem Schaumlöffel herausheben, in ein Sieb geben und mit kaltem Wasser abbrausen
- So verfahren, bis der ganze Teig verbraucht ist
- Etwa 2 EL Butter in einer Pfanne zerlassen und die Knöpfle darin bei schwacher Hitze schwenken und erwärmen
- Auf einer vorgewärmten Platte anrichten und mit dem Schnittlauch bestreuen.

Knöpfle sind die kleinen dicken Verwandten der Spätzle, ein Nationalgericht sozusagen. Spezielle Hobel, auch unter der Bezeichnung „Spätzlehobel", gibt es in guten Haushaltsgeschäften zu kaufen.

Tipp

Sie können die Knöpfle auch mit in reichlich Butter gerösteten Semmelbröseln servieren. Das ist zwar sehr kalorienreich, schmeckt aber unvergleichlich köstlich.

Krautspätzle

Zutaten für 4 Personen

1 Zwiebel

100 g durchwachsener geräucherter Speck

500 g frische Spätzle oder Knöpfle (siehe S. 88)

2 EL Schweineschmalz mit Grieben

1 große Dose Sauerkraut

2 Wacholderbeeren

1 Lorbeerblatt

Salz

schwarzer Pfeffer

- Die Zwiebel schälen und fein hacken, den Speck von der Schwarte befreien und fein würfeln
- Das Schweineschmalz in einer Pfanne erhitzen und den Speck darin anbraten
- Die Zwiebel dazugeben und bei schwacher Hitze glasig dünsten
- Das Sauerkraut aus der Dose nehmen, zerpflücken und ebenfalls in die Pfanne geben
- Das Lorbeerblatt und die Wacholderbeeren dazugeben
- Alles gründlich mischen und bei mittlerer Hitze etwa 15 Minuten braten
- Dann die Hitze reduzieren und das Kraut zugedeckt noch weitere 15 Minuten dünsten; eventuell noch etwas Flüssigkeit dazugeben
- Das Lorbeerblatt und die Wacholderbeeren herausnehmen
- Die Spätzle unter das Kraut mischen und kurz erwärmen
- Die Krautspätzle auf vorgewärmte Teller verteilen und heiß servieren.

Kratzete

Zutaten für 4 Personen

300 g Mehl
4 Eier
1/2 l Milch
Salz
60 g Butter

- Die Eier trennen, die Eigelbe in eine große Schüssel geben
- Die Eiweiße mit einer Prise Salz mit den Schneebesen des Handrührgerätes steif schlagen
- Die Eigelbe in eine große Schüssel geben und mit den Schneebesen des Handrührgerätes verquirlen
- Die Hälfte des Mehls dazugeben und unterrühren
- Nach und nach die Milch und das restliche Mehl unterrühren
- Den Teig mit Salz würzen
- Den Eischnee unter den Teig heben
- 25 g Butter in einer großen Pfanne zerlassen und die Hälfte des Teigs hineingeben
- Den Pfannkuchen bei mittlerer Hitze backen, bis die Unterseite goldbraun ist, dann wenden und die zweite Seite backen
- Den Pfannkuchen herausnehmen und die zweite Hälfte des Teiges ebenso backen
- Die Pfannkuchen mit einem scharfen Messer in Würfel schneiden, diese nochmals in etwas Butter schwenken, auf eine vorgewärmte Platte geben und servieren.

Tipp

Kratzete sind eine beliebte Beilage zu Stangenspargel. Sie schmecken aber auch wunderbar mit Apfelmus, Pflaumen- oder Apfelkompott und Zimtzucker.

Abgeschmälzter Stockfisch

Zutaten für 4 Personen

4 Scheiben Stockfisch à ca. 200 g
400 ml Fischfond
100 ml Weißwein
2 Zwiebeln
4 EL Butter
Salz
Pfeffer

- Den Fisch waschen und über Nacht in kaltem Wasser zugedeckt einweichen lassen
- Am nächsten Tag das Wasser abgießen
- Den Fischfond mit dem Weißwein aufkochen lassen
- Den Fisch hineingeben und darin bei schwacher bis mittlerer Hitze etwa 15 Minuten ziehen lassen
- Inzwischen die Zwiebeln schälen und in Ringe schneiden
- Die Butter in einer Pfanne erhitzen und die Zwiebeln darin goldbraun braten
- Den fertigen Fisch aus dem Sud nehmen, eventuell mit Salz und Pfeffer würzen und mit den Zwiebelringen auf Tellern anrichten
- Dazu passen Sauerkraut oder Salzkartoffeln.

Stockfisch ist ein typisches Karfreitags- oder Aschermittwochsessen. Es ist noch nicht so lange her, da kannte man noch keine Kühltransporte, die frischen Fisch von den Küsten ins Landesinnere transportierten. Deshalb wurde Meeresfisch (vor allem Kabeljau, Schellfisch, Seelachs und Lengfisch) getrocknet und auf diese Weise haltbar gemacht. So war er lange eine preiswerte Alternative zu frischem Fisch.

Hügelsheimer Pfannkuchen

Zutaten für 4 Personen

1/2 l Wasser
1/2 TL Salz
100 g Butter
300 g Mehl
4 Eier

- Das Wasser in einem Topf mit Salz und Butter erhitzen
- Das Mehl auf einmal hineinschütten und den Teig so lange unter Rühren erhitzen, bis er sich vom Topfboden löst, dann beiseite stellen
- Einzeln die Eier unterrühren, bis der Teig glänzend ist
- Den Teig in einen Spritzbeutel mit Sterntülle füllen und auf Backpapier etwa 5 cm große Rosetten (Schnecken) spritzen
- Fett in einer Fritteuse erhitzen und die Rosetten mit Hilfe des Backpapiers in das Fett geben, das Papier löst sich dann vom Teig
- Die Pfannkuchen bei mittlerer Hitze goldgelb backen
- Auf Küchenpapier entfetten und warm servieren.

TIPP

Hügelsheimer Pfannkuchen sind eine typische Beilage zu Spargel.

Scherben

Zutaten für etwa 50 Stück

4 Eier
50 g Zucker
1 Päckchen Vanillezucker
Salz
4 EL saure Sahne
500 g Mehl
750 g Frittierfett zum Ausbacken
Puderzucker zum Bestäuben

- Die Eier, den Zucker, den Vanillezucker und 1 Prise Salz mit den Schneebesen des Handrührgerätes verrühren, bis sich der Zucker aufgelöst hat
- Die saure Sahne dazugeben und unterrühren
- Das Mehl nach und nach dazugeben und alles zu einem glatten Teig verkneten
- Den Teig auf einer bemehlten Arbeitsfläche durchkneten und zugedeckt etwa 1 Stunde im Kühlschrank ruhen lassen
- Den Teig auf einer bemehlten Arbeitsfläche etwa messerrückendick ausrollen und in 10 cm große Rauten schneiden
- Das Fett in der Fritteuse oder in einem hohen Topf erhitzen
- Die Scherben darin in etwa 3 Minuten goldbraun ausbacken – Vorsicht Spritzgefahr!
- Die Scherben herausheben, auf Küchenkrepp abtropfen lassen, mit Puderzucker bestäuben und warm servieren.

Dieses Gebäck gibt es vor allem zur Fastnachtszeit. Es wird schwimmend in Fett ausgebacken und warm zur Kartoffelsuppe oder auch zu einem Glas Wein gegessen.

Chaudeau

Zutaten für 4 Personen

1/4 l trockener Weißwein
1 TL Speisestärke
1/2 unbehandelte Zitrone
2 große Eier
50 g Zucker
Salz
200 g Löffelbiskuits

- Die Zitrone heiß abwaschen und von der Schale einen Streifen abschneiden
- Den Saft auspressen
- Die Eier trennen
- Den Zitronensaft und die -schale, den Wein und die Speisestärke in einem Topf verrühren und zum Kochen bringen
- Die Eigelbe mit dem Zucker schaumig rühren
- Die Weinmischung von der Kochstelle nehmen und die Eigelbmasse unterrühren
- Alles wieder bis kurz vor den Siedepunkt erhitzen
- Dabei kräftig mit den Schneebesen des Handrührgerätes rühren
- Von der Kochstelle nehmen und etwas abkühlen lassen
- Die Eiweiße mit 1 Prise Salz steif schlagen
- Den Eischnee unter die Eigelbmasse ziehen
- Die Weincreme in Dessertschalen verteilen und lauwarm servieren
- Die Löffelbiskuits getrennt dazu reichen.

Diese köstliche Weincreme erinnert entfernt an Zabaione. Sie wird warm in Schalen gereicht.

Grießschnitten

Zutaten für 4 Personen
3/4 l Milch
Salz
1 EL Zucker
175 g Grieß
2 Eigelb
1 EL Butter
Butter zum Braten
Zimtzucker zum Bestreuen

- Die Milch zum Kochen bringen, den Zucker und 1 Prise Salz dazugeben
- Den Grieß unter Rühren langsam einrieseln lassen und bei schwacher Hitze unter Rühren quellen lassen, bis eine dicke, feste Masse entstanden ist
- Die Grießmasse von der Kochstelle nehmen
- Die Eigelbe und die Butter unterrühren
- Ein Nudelbrett mit kaltem Wasser abspülen
- Die Grießmasse darauf streichen und abkühlen lassen
- Aus der kalten Masse Quadrate oder Rauten schneiden
- Butter in einer großen Pfanne zerlassen und die Grießschnitten darin von beiden Seiten knusprig braun braten
- Mit Zimtzucker bestreuen und sofort servieren.

TIPP

Die knusprig-süßen Grießschnitten schmecken frisch aus der Pfanne und mit Zimtzucker bestreut am besten. Dazu gab's bei uns zu Hause immer Zwetschgenkompott.

Pfittele

Zutaten für 40–50 Stück

1/4 l Milch
50 g Butter
150 g Mehl
5 Eier
75 g Zucker
2 TL Zimtpulver
Frittierfett zum Ausbacken

- Die Milch mit der Butter in einen Topf geben und zum Kochen bringen, dann von der Kochstelle nehmen
- Das Mehl dazugeben und alles verrühren
- Den Topf wieder auf die Kochstelle schieben
- Den Teig rühren, bis er sich vom Topfboden löst
- Von der Kochstelle nehmen und abkühlen lassen
- Die Eier nach und nach unter den Teig rühren, der Teig sollte glänzend sein
- Das Fett in der Fritteuse oder in einem Topf mit hohem Rand erhitzen
- Vom Teig mit einem Esslöffel Klößchen abstechen
- Die Klößchen portionsweise im heißen Fett in etwa 5 Minuten goldbraun ausbacken
- Die Klößchen herausnehmen und auf Küchenpapier abtropfen lassen
- Den Zucker mit dem Zimt mischen und die Pfittele darin wälzen
- Noch warm servieren.

TIPP

Zu diesem Gebäck passen Weincreme (Chaudeau, siehe S. 100) oder Kompott.

Basler Schenkeli

Zutaten für 40 Stück
100 g Butter
4 Eier
150 g Zucker
400 g Mehl
50 g Zucker
2 TL Zimt
Frittierfett zum Ausbacken

- Die Butter in einen kleinen Topf geben und bei schwacher Hitze schmelzen lassen
- Die Eier mit dem Zucker in eine Schüssel geben und mit den Schneebesen des Handrührgerätes schaumig rühren, bis der Zucker sich aufgelöst hat
- Die zerlassene Butter unterrühren
- Nach und nach das Mehl dazusieben und unterrühren
- Aus dem Teig dicke, daumenlange, zeppelinförmige Schenkeli formen
- Das Frittierfett erhitzen und die Schenkeli darin portionsweise in etwa 5 Minuten goldgelb ausbacken
- Die Schenkeli herausnehmen und auf Küchenpapier abtropfen lassen
- Den Zucker mit dem Zimt mischen und die Schenkeli damit bestreuen.

Apfelküchle

Zutaten für 4 Personen

250 g Mehl
3 Eier
Salz
50 g Zucker
200 ml Milch
5 große Äpfel (z. B. Boskop)
50 g Zucker
1 1/2 TL Zimt
750 g Butterschmalz zum Ausbacken

- Das Mehl in eine Schüssel sieben
- Die Eier, 1 Prise Salz und den Zucker dazugeben und alles mit den Schneebesen des Handrührgerätes verrühren
- Nach und nach die Milch unterrühren, bis ein dicker Pfannkuchenteig entstanden ist
- Den Zucker mit dem Zimt in einer kleinen Schüssel mischen
- Die Äpfel schälen und mit einem Kernhausausstecher die Kerngehäuse entfernen
- Die Äpfel in etwa 1 cm dicke Ringe schneiden
- Das Fett in einer Fritteuse oder in einem hohen Topf erhitzen
- Die Apfelscheiben in den Pfannkuchenteig tauchen, etwas abtropfen lassen und im heißen Fett ausbacken, bis sie goldbraun sind – Vorsicht Spritzgefahr!
- Die Apfelküchle auf einer Platte warm halten, bis alle Küchle gebacken sind
- Die Apfelküchle mit dem Zimtzucker bestreut servieren.

Die in Schmalz gebackenen Küchle werden traditionell zur Kartoffelsuppe gegessen. Sie schmecken aber auch gut zum Nachmittagskaffee oder als Dessert mit einer Kugel Vanilleeis.

Kirschenplotzer
mit Vanillesoße

Zutaten für 4–6 Personen

Für den Kirschenplotzer:

4 Brötchen vom Vortag
1/4 l trockener Weißwein
1 kg Knorpelkirschen
1 unbehandelte Zitrone
4 Eier
150 g weiche Butter
75 g Zucker
100 g Mandelblättchen oder -stifte
1 TL Zimtpulver
1 EL Kirschwasser
Butter für die Form

Für die Vanillesoße:

2 Eier
50 g Zucker
1/2 l Milch
1 Vanilleschote
Salz

- Die Brötchen in Würfel schneiden und in eine Schüssel geben
- Den Wein erhitzen und über die Brotscheiben gießen
- Die Kirschen waschen und entsteinen
- Die Zitrone heiß abwaschen und abtrocknen; die Schale fein abreiben, den Saft auspressen
- Eine Auflaufform mit Butter ausstreichen
- Den Backofen auf 180 °C (Umluft 160 °C, Gas Stufe 3) vorheizen
- Die Eier trennen
- Das Eiweiß mit einer Prise Salz steif schlagen
- Die Butter und den Zucker mit den Schneebesen des Handrührgerätes schaumig rühren
- Die Eigelbe nach und nach dazugeben und alles rühren, bis eine helle, schaumige Masse entstanden ist
- Das Zimtpulver und das Kirschwasser unterrühren
- Die Mandelstifte, die Kirschen und die Brötchen dazugeben und alles vorsichtig mischen
- Zum Schluss den Eischnee unterheben
- Die Masse in die Auflaufform füllen
- Den Kirschenplotzer im Backofen (mittlere Schiene) etwa 1 Stunde backen
- Eventuell nach 30 Minuten mit einem Deckel oder Alufolie abdecken, damit die Kirschen nicht verbrennen
- Den Auflauf herausnehmen, in Stücke schneiden und warm servieren
- In der Zwischenzeit für die Vanillesoße die Eier trennen
- Die Eigelbe mit dem Zucker in eine Schüssel geben und mit den Schneebesen des Handrührgerätes verrühren, bis der Zucker sich aufgelöst hat

Tipp

Wenn Kinder mitessen, sollten Sie das Kirschwasser weglassen und den Wein durch Milch ersetzen.

- Die Milch in einen Topf geben
- Die Vanilleschote längs aufschlitzen und das Mark herauskratzen
- Vanilleschote und -mark in die Milch geben und alles aufkochen lassen
- Von der Kochstelle nehmen und die Hitze reduzieren
- Die Vanilleschote entfernen
- Die Eigelbmasse in die heiße Milch rühren
- Zurück auf die Kochstelle stellen und unter Rühren bei geringer Hitze dicklich werden lassen, aber nicht mehr aufkochen
- Die Masse von der Kochstelle nehmen
- Die Eiweiße mit einer Prise Salz steif schlagen
- Den Eischnee unter die Eigelbmasse ziehen
- Die Soße getrennt zu dem Kirschenplotzer reichen.

Zwetschgenwaihe

Zutaten für eine Springform (28 cm Durchmesser)

Für den Teig:
300 g Mehl
Salz
125 g weiche Butter

Für den Belag:
1 kg Zwetschgen
2 EL Semmelbrösel
75 g Zucker
2 TL Zimt

- Für den Teig das Mehl in eine Schüssel sieben und mit 1 Prise Salz mischen
- Die weiche Butter auf dem Rand verteilen
- Etwa 1/8 l lauwarmes Wasser nach und nach dazugeben und alles zu einem weichen, geschmeidigen Teig verkneten
- Den Teig zur Kugel formen und zugedeckt etwa 30 Minuten ruhen lassen
- In der Zwischenzeit die Zwetschgen waschen und entsteinen
- Eine Springform einfetten
- Den Teig auf einer bemehlten Arbeitsfläche dünn ausrollen
- Die Springform damit auslegen und einen Rand formen
- Den Backofen auf 200 °C (Umluft 180 °C, Gas Stufe 4) vorheizen
- Den Teigboden mit den Semmelbröseln bestreuen
- Die Zwetschgen darauf kreisförmig anordnen
- Den Zucker mit dem Zimt vermischen und die Zwetschgen damit bestreuen
- Den Kuchen im Backofen (mittlere Schiene) in etwa 30 Minuten knusprig backen.

Unter Waihen versteht der Badener flache Obstkuchen, die auf dem Blech oder in einer Springform gebacken werden.

Tipp

Meine Großmutter hat die Zwetschgen mit einer Mischung aus geriebenem Schwarzbrot, gehackten Nüssen, Zimt und Zucker bestreut und mit Butterflöckchen belegt.
Dazu passt mit Kirsch- oder Zwetschgenwasser parfümierte geschlagene Sahne.

Gugelhupf

Zutaten für eine Gugelhupfform

500 g Mehl
1 Würfel Hefe
1/4 l Milch
1 TL Zucker
200 g Butter
150 g Puderzucker
4 Eier
Salz
2–3 EL Rum
50 g ganze Mandeln
Butter und gemahlene Mandeln für die Form
Puderzucker zum Bestäuben

- 100 g Mehl in eine kleine Schüssel sieben und die Hefe hinein bröckeln
- Die Milch lauwarm erwärmen
- Das Mehl, die Hefe, die Hälfte der Milch und den Zucker mit den Schneebesen des Handrührgerätes verrühren
- Den Vorteig zugedeckt an einem warmen Ort etwa 30 Minuten gehen lassen, bis er sein Volumen verdoppelt hat
- Die Butter in kleine Stücke schneiden und mit dem Puderzucker in einer großen Schüssel schaumig rühren
- Nach und nach das restliche Mehl, die Eier, die restliche Milch, 1 Prise Salz und den Rum unterrühren
- Zum Schluss den Vorteig unterziehen
- Eine große Gugelhupfform mit Butter ausstreichen und mit gemahlenen Mandeln ausstreuen
- Die ganzen Mandeln in die Rillen der Form legen
- Den Teig einfüllen, die Form darf nur zu zwei Dritteln gefüllt sein
- Die Form mit einem sauberen Küchentuch abdecken und den Teig etwa 1 Stunde gehen lassen, bis der Teig über die Form steigt
- Den Backofen auf 200 °C (Umluft 180 °C, Gas Stufe 4) vorheizen
- Den Gugelhupf im Backofen (mittlere Schiene) etwa 50 Minuten backen
- Garprobe machen: Mit einer Stricknadel in den Kuchen stechen; bleibt kein Teig haften, ist der Kuchen gar
- Den Gugelhupf herausnehmen und etwa 30 Minuten in der Form stehen lassen, dann auf ein Kuchengitter stürzen und noch warm mit Puderzucker bestäuben
- Vor dem Servieren nochmals großzügig mit Puderzucker bestäuben.

TIPP

Dieser Gugelhupf wird aus gerührtem Hefeteig hergestellt und schmeckt am besten ganz frisch zu einem Glas trockenem Weißwein.

Bierewecke

Zutaten für 5 kleine Laibe

750 g getrocknete Speckbirnen
250 g getrocknete Zwetschgen ohne Stein
250 g getrocknete Feigen
125 g Rosinen
100 g Honig
1,5 kg Roggenmehl
1 Würfel Hefe (42 g)
2 TL Zucker
Salz
200 g Walnüsse
200 g Haselnüsse
2 TL Zimtpulver
1 TL Nelken, gemahlen
1 TL Kardamom
100 ml Kirschwasser

- Die Birnen, Zwetschgen und Feigen in grobe Würfel schneiden und in einen großen Topf geben
- 1 l Wasser angießen und alles zum Kochen bringen
- Etwa 5 Minuten kochen lassen, dann von der Kochstelle ziehen und erkalten lassen
- Im Kühlschrank zugedeckt über Nacht einweichen
- Die eingeweichten Trockenfrüchte durch ein Sieb gießen, den Saft dabei auffangen
- Den Saft lauwarm erwärmen
- Das Mehl in eine große Schüssel sieben und in die Mitte eine Vertiefung drücken
- Die Hefe hineinbröckeln, den Zucker und 4 bis 5 EL von der lauwarmen Einweichflüssigkeit dazugeben und mit etwas Mehl zu einem Vorteig rühren
- Die Schüssel mit einem sauberen Tuch abdecken und den Vorteig an einem warmen Ort etwa 15 Minuten gehen lassen
- Etwa 400 ml von der lauwarmen Einweichflüssigkeit, den Zimt, die gemahlenen Nelken, das Kardamom, das Kirschwasser, den Honig und 1 Prise Salz zu dem Mehl in die Schüssel geben
- Alles kräftig durchkneten, bis ein sehr fester Teig entstanden ist
- Den Teig zur Kugel formen und zugedeckt etwa 1 Stunde gehen lassen
- Die Trockenfrüchte und die Nüsse unter den Teig kneten
- Sollte der Teig kleben, noch etwas Mehl dazugeben
- Aus dem Teig 5 kleine Laibe formen
- Ein Backblech mit Backpapier auslegen
- Die Laibe darauf legen und zugedeckt etwa 30 Minuten gehen lassen
- Den Backofen auf 200 °C (Umluft 180 °C, Gas Stufe 4) vorheizen
- Die Laibe mit der Einweichbrühe bestreichen und im Backofen (mittlere Schiene) etwa 1 Stunde backen
- Kurz vor Ende der Backzeit die Laibe nochmals mit etwas Einweichbrühe bestreichen
- Die Laibe herausnehmen und auskühlen lassen
- In Alufolie gewickelt und kühl und trocken gelagert halten sie sich etwa 4 Wochen.

Durch Trocknen hat man früher die Früchte des Sommers für den Winter haltbar gemacht. Die köstlichen Bierewecke sind also quasi ein winterlicher Ersatz für den sommerlichen Obstkuchen.

Linzertorte

Zutaten für eine Springform (28 cm Durchmesser)

250 g Mehl

250 g gemahlene Mandeln (mit Schale)

150 g Zucker

1 TL Zimtpulver

1/2 TL Nelken, gemahlen

Salz

250 g Butter

1 Ei

abgeriebene Schale von 1/2 unbehandelten Zitrone

4 EL Kirschwasser

200 g Himbeermarmelade

1 Eigelb

2 EL Milch

Butter für die Form

- Das Mehl mit den Mandeln, dem Zucker, dem Zimt- und Nelkenpulver und 1 Prise Salz in einer großen Schüssel mischen
- Die kalte Butter in Stückchen auf den Rand geben
- Das Ei, die Zitronenschale und das Kirschwasser dazugeben und alles rasch zu einem glatten Teig verkneten
- Den Teig zur Kugel formen, in Alufolie wickeln und 1 bis 2 Stunden kühl stellen
- Eine Springform mit Butter ausstreichen
- Die Himbeermarmelade erwärmen und durch ein Sieb streichen
- Den Backofen auf 180 °C (Umluft 160 °C, Gas Stufe 3) vorheizen
- Den Teig aus dem Kühlschrank nehmen und auf einer bemehlten Arbeitsfläche nochmals durchkneten
- Zwei Drittel des Teiges in Größe der Springform ausrollen
- Den Teigboden in die Form legen und mit der Himbeermarmelade bestreichen
- Den restlichen Teig nochmals halbieren
- Die eine Hälfte dünn ausrollen und mit einem Teigrädchen Streifen von etwa 2 cm Dicke ausradeln
- Den Tortenboden damit rautenförmig belegen
- Die andere Teighälfte zu einer Rolle formen und den Tortenrand damit belegen
- Den Rand mit einer Gabel einkerben
- Das Eigelb mit der Milch in einer kleinen Schüssel verquirlen und das Teiggitter damit bestreichen
- Die Linzertorte im Backofen (mittlere Schiene) etwa 1 Stunde backen.

TIPP

Diese Torte entfaltet ihr volles Aroma erst nach einigen Tagen.

Schwarzwälder Kirschtorte

Zutaten für eine Springform (28 cm Durchmesser)

Für den Teig:

100 g Zartbitterschokolade
100 g weiche Butter
150 g Zucker
1 Päckchen Vanillezucker
5 Eier
100 g Mehl
50 g Speisestärke
50 g gemahlene Mandeln
1 TL Backpulver

Für die Füllung:

1 Glas Sauerkirschen (Abtropfgewicht 370 g)
1 Zimtstange
2 Nelken
3 Blatt weiße Gelatine
800 g Sahne
1 Päckchen Vanillezucker
3–4 EL Kirschwasser
Schokoladenraspel

- Für den Teig die Schokolade in kleine Stücke brechen und im warmen Wasserbad schmelzen, abkühlen lassen
- Die Butter mit dem Zucker und dem Vanillezucker schaumig rühren
- Die Eier trennen
- Die Eigelbe dazugeben und die Masse rühren, bis sie hellgelb und schaumig ist
- Die abgekühlte flüssige Schokolade unterrühren
- Die Eiweiße steif schlagen und unterziehen
- Das Mehl mit der Speisestärke, den Mandeln und dem Backpulver mischen, auf die Eiermasse sieben und unterrühren
- Den Backofen auf 180 °C (Umluft 160 °C, Gas Stufe 3) vorheizen
- Eine Springform mit Butter ausstreichen
- Den Teig einfüllen, glatt streichen und im Backofen (mittlere Schiene) etwa 25 Minuten backen
- Den Biskuit herausnehmen, erkalten lassen und mit einem Bindfaden quer in 3 Teile schneiden
- Die Gelatine in kaltem Wasser einweichen
- Die Sauerkirschen in ein Sieb geben, den Saft dabei auffangen
- Den Kirschsaft mit der Zimtstange und den Nelken aufkochen, von der Kochstelle nehmen, die Zimtstange und die Nelken wieder entfernen
- Die Gelatine ausdrücken und in der heißen Flüssigkeit auflösen; anschließend leicht abkühlen lassen, bis der Kirschsaft dicklich wird
- Die Sahne mit dem Vanillezucker sehr steif schlagen
- Einen Tortenboden mit einem Drittel des Kirschwassers beträufeln, mit der Hälfte des Kirschgelees bestreichen und mit der Hälfte der Kirschen belegen
- Etwas von der Sahne darüber verteilen und glatt streichen
- Mit dem zweiten Tortenboden ebenso verfahren
- Den dritten Tortenboden darauf legen und mit dem Rest des Kirschwassers beträufeln
- Etwas Sahne in einen Spritzbeutel mit kleiner Sterntülle füllen
- Die Torte rundum mit der restlichen Sahne bestreichen und mit Schokoladenraspeln bestreuen
- Mit dem Spritzbeutel 12 Rosetten aufspritzen und jede Rosette mit einer Kirsche belegen
- Die Torte im Kühlschrank etwa 12 Stunden durchziehen lassen.

Süße Buabaspitzle

Zutaten für 4 Personen

1 kg gekochte Kartoffeln vom Vortag (fest kochende Sorte)

150 g Mehl

1 – 2 Eier

Salz

Butterschmalz zum Braten

Zimtzucker zum Bestreuen

- Die Kartoffeln schälen und mit dem Kartoffelstampfer zerdrücken oder durch die Kartoffelpresse drücken
- Mit dem Mehl, dem Ei oder den Eiern und Salz zu einem festen Teig verkneten
- Aus dem Teig zwischen bemehlten Handflächen zigarrenförmige Nudeln formen; sie müssen an den Enden spitz zulaufen
- Die Nudeln nebeneinander auf ein bemehltes Brett legen
- Etwa 3 EL Butterschmalz in einer großen Pfanne erhitzen und die Buabaspitzle darin portionsweise rundum anbraten
- Zucker und Zimt mischen und die Buabaspitzle damit bestreuen
- Mit Apfelmus servieren.

TIPP

Buabaspitzle schmecken nicht nur zu deftigen Gerichten wie Schäufele mit Kraut oder Wildgerichten mit dunkler Soße, sondern auch, wie hier, mit Apfelmus und Zimtzucker oder mit gerösteten Semmelbröseln bestreut.

Schwarzwälder Schneeballen

Zutaten für 4 Personen

3 Eier

50 g Puderzucker

1 TL Speisestärke

1/2 l Milch

1 Vanilleschote

1 Prise Salz

1 TL Zitronensaft

nach Belieben einige Beeren und etwas Zitronenmelisse zum Garnieren

- Die Eier trennen
- Die Eigelbe mit der Hälfte des Zuckers und der Speisestärke schaumig schlagen
- Die Milch erhitzen
- Die Vanilleschote aufschlitzen und das Mark herauskratzen
- Schote und Mark in der Milch bei geringer Hitze etwa 10 Minuten ziehen lassen
- Anschließend die Milch von der Kochstelle nehmen und die Vanilleschote entfernen
- Die Eigelbmasse in die heiße Milch rühren
- Die Masse wieder auf die Kochstelle geben und unter Rühren bei schwacher Hitze erwärmen, bis die Soße dicklich wird, dabei aber nicht aufkochen
- Die Soße anschließend kalt stellen
- Für die Schneeballen die Eiweiße mit dem Salz und dem Zitronensaft zu steifem Schnee schlagen
- Wasser in einem breiten Topf zum Kochen bringen
- Von dem Eischnee mit einem Esslöffel Nocken abstechen und in dem siedenden Wasser in etwa 10 Minuten gar ziehen lassen
- Anschließend herausheben und auf einem feinmaschigen Gitter abtropfen lassen
- Die kalte Vanillesoße auf Teller verteilen, die Nocken hineinsetzen, mit Beeren und Zitronenmelisseblättchen garnieren.

Rezeptverzeichnis

Bildquellen
Baden-Baden Marketing GmbH: S. 6 unten
Werner Baumeister: S. 4
Regina Kuhn: S. 11 oben
Tourismus Marketing GmbH Baden-Württemberg: S. 6 oben, 7 (2), 8, 10 oben, 11 unten
Bichler/seeundberge.de: S. 9
Alle anderen Fotos und die Rezeptfotos stammen von Fridhelm Volk.

Bibliografische Information Der Deutschen Bibliothek
Die Deutsche Bibliothek verzeichnet diese Publikation in der Deutschen Nationalbibliografie; detaillierte bibliografische Daten sind im Internet über http://dnb.ddb.de abrufbar.

Haftung
Die Autorin und der Verlag haben sich um richtige und zuverlässige Angaben bemüht. Fehler können jedoch nicht vollständig ausgeschlossen werden. Eine Garantie für die Richtigkeit der Angaben kann daher nicht gegeben werden. Haftung für Schäden und Unfälle wird aus keinem Rechtsgrund übernommen.

Wollgrasweg 41, 70599 Stuttgart (Hohenheim)
E-Mail: info@ulmer.de
Internet: www.ulmer.de

Lektorat: Dr. Gabriele Lehari, Ina Vetter
Umschlag- und Innengestaltung: WILDE2, Stuttgart
Herstellung: Gabriele Wieczorek
Reproduktionen: BRK, Stuttgart
Druck und Bindung: Offizin Andersen Nexö, Leipzig
Printed in Germany

ISBN: 3-8001-4412-3

Buchtipps

Ein vergnügliches Lesebuch mit vielen Rezepten – nicht nur für Schwaben!
Spätzle, Maultaschen & Co. E. Knittel, R. Maurer. 2003. 190 Seiten, 56 Farbf., 5 Zeichn. ISBN 3-8001-3877-8.

Kochen Sie doch einmal selber echt fränkisch! Einfache Rezepte, Schritt für Schritt erklärt.
Landfrauen-Rezepte aus Franken. B. Rias-Bucher, F. Volk. 2003. 128 Seiten, 75 Farbfotos. ISBN 3-8001-4217-1.

Lernen Sie Faule-Weiber-Klöße, Hosseküh und Schnapphütes kennen!
Landfrauen-Rezepte aus Thüringen. O. Tietz, F. Volk. 2003. 128 Seiten, 75 Farbfotos. ISBN 3-8001-4220-1.

Gekonnte Fotos regen den Appetit an! Diese Rezepte gelingen leicht!
Landfrauen-Rezepte Schwaben. C. Daiber, F. Volk. 2003. 128 S., 75 Farbf. ISBN 3-8001-4238-4.

Landfrauen-Rezepte – Backen. O. Tietz, F. Volk. 2003. 128 S., 75 Farbf. ISBN 3-8001-4222-8.

Eine köstliche klare Suppe mit Nudeln, Klößchen oder Flädle, ein deftiger Eintopf, eine edle Cremesuppe oder eine fruchtige Kaltschale – Suppen und Eintöpfe sind und bleiben die Klassiker der guten ländlichen Küche. Die besten Rezepte gibt's in diesem Buch!
Landfrauen-Rezepte: Suppen und Eintöpfe. D. Bopp, F. Volk. 2004. Etwa 128 S., 60 Farbf. ISBN 3-8001-4413-1.

Landfrauen-Rezepte aus Bayern. B. Rias-Bucher, F. Volk. 2004. Etwa 128 Seiten, 65 Farbfotos. ISBN 3-8001-4219-8.

Köstliche Gerichte aus ganz Deutschland.
Echte LandFrauen Rezepte. Köstliches aus allen Landschaften Deutschlands. Deutscher Landfrauenverband. 2003. 144 Seiten, 66 Farbfotos. ISBN 3-8001-4259-7.